아바 일터 성경 공부 시리즈 5

성공한 인생, 실패한 인생

누가복음을 중심으로

방선기 지음

KB204441

아바서원

머리말

성경 안에 직업 문제의 해답이 있습니다!

성경은 영생을 위한 진리는 물론 우리 삶에 필요한 모든 원리를 다 가르치고 있습니다(딤후 3:15-17). 그런데 성도들조차 실생활에서 성경을 그저 종교 서적쯤으로 인식할 때가 많은 것 같습니다. 교회 생활과 관련된 영적 문제에 관해서는 그 원리나 해결책을 성경에서 찾으려고 하지만 직업 문제같이 세상 속에서 그리스도인으로 살아가면서 겪는 문제들에 대해서는 성경이 해답을 줄 것이라고 생각하지 않습니다.

성경은 우리 삶의 모든 영역에서 하나님의 뜻을 보여줍니다. 직업 문제에 관한 구체적인 원리와 실제적인 해결책도 얼마든지 찾을 수 있습니다. 이 성경 공부 교재는 누가복음 본문 중심의 교재입니다. 이 땅에서 직업을 가지고 일하는 그리스도인들이 성경을 공부하면서 직업과 관련된 하나님의 뜻을 알 수 있게 하려는 성경적 직업관 확립을 목적으로 만들어진 것입니다.

이 교재를 펴내기 전에 먼저 그리스도인 기업인들과 함께 공부하면서 말씀의 새로움을 깨달았으며 다양한 직업 현장에 적용해 보기도 했습니다. 이제 더 많은 그리스도인 직업인들과 이것을 나누려고 합니다.

성경을 펴고 기도하십시오. 그리고 한 문제 한 문제 읽어가면서 하나님의 음성을 듣고 일터에 적용해 보십시오. 살아 역사하시는 하나님의 말씀을 체험할 수 있을 것입니다.

방선기 목사

차례

그룹 인도자와
개인을 위한 지침

'아바 일터 성경 공부 시리즈'의 특징은 직업관을 테마로 삼은 본문 성경 공부라는 점입니다. 따라서 본문의 모든 관점을 신학적으로 세밀하게 연구하는 공부는 아닙니다. 성경 본문의 문맥을 파악하고 직업관 중심으로 제기된 질문에 답하고 토의하는 과정을 통해 직업 현장에서 겪는 문제들에 접근하는 것이 이 교재의 제작 동기입니다. 그런 이유로 이 교재는 혼자 공부하는 것보다 그룹이 함께 공부하는 것이 더 좋습니다. 이 교재를 사용하는 데 필요한 몇 가지 지침을 소개합니다.

1. 교회 청년부나 직장 신우회에서 공부를 인도하는 리더들은 효과적인 질문을 던지고 조원들이 토론할 수 있도록 안내하는 역할을 잘 수행하시기 바랍니다. 성경을 가르치려 하거나 해답을 강요하는 자세는 바람직하지 않습니다. 본문 해석에 지나치게 집중해서 시간을 오래 끌지 않도록 시간 안배를 적절히 해주시기 바랍니다. 해당 과의 목표를 반드시 숙지해서 토의 방향이 다른 곳으로 흐르지 않도록 하는 것도 꼭 기억하시기 바랍니다.

2. 공부를 시작할 때 먼저 "마음을 엽시다!"와 1번 질문을 통해 해당 과의 주제를 조원들이 파악하게 한 후에 성경 본문을 읽으시기 바랍니다. 또한 각 과는 유기적 연결 고리를 가진 세 단락으로 나뉘어 있습니다. 이 연결 고리를 잘 파악해서 다음 단락으로 넘어가는 간단한 질문이나 설명을 준비하시기 바랍니다.

3. 각 단락의 첫 번째 질문은 주로 관찰 질문입니다. 본문에 근거해서 기본적인 사실들을 파악하여 해석과 적용을 위한 기초를 탄탄하게 쌓는 것이 좋습니다. 단락의 두 번째와 세 번째 질문에는 해석과 아울러 적용이 섞여 있습니다. 해석과 적용을 직업적 측면 중심으로 다루고 있다는 사실을 명심하고 토의를 이끌어주시기 바랍니다.

4. '짧은 주석'은 조원들이 다 함께 파악해야 할 문제들을 간단하게 설명한 것입니다. 자세한 설명이 필요한 경우에 주석을 참고해서 보충 설명을 하시면 공부에 도움을 줄 것입니다. '적용 포인트'는 이 교재의 집필 방향인 직업적 관점으로 본문의 교훈을 적용하는 원리와 예를 들어놓은 것입니다. 이것을 참조하면서 조원들이 다양한 직업 생활 경험을 나눌 수 있도록 유도해 주시기 바랍니다. 각 과 사이에 있는 '사이 특강'이나 '사잇글'은 해당 과의 공부에 도움을 주기 위해 제공하는 것입니다. 교재의 뒤쪽에 있는 '인도자를 위한 지침'도 유용하게 사용하시기 바랍니다.

5. 이 책은 두 부분으로 나눌 수 있습니다. 1—5과는 직업관의 원리적 측면을 강조하고 기독교 세계관에 근거한 직업관을 본문 중심으로 살펴보는 것입니다. 6—9과는 직업 생활의 실제적인 측면을 다룹니다. 이 구조를 미리 잘 파악하고 공부를 인도하시기 바랍니다.

제 1과
일터에서 맺는
회개의 열매

(눅 3:7-14)

이 과의 목표

　그리스도인들에게 회개는 믿음의 시작인 동시에 영적으로 성장하는 데 지속적으로 필요한 요소이다. 회개의 열매는 일상생활에서 구체적인 행동으로 나타나야 한다. 특히 그리스도인 직업인의 경우에 일터에서 회개의 열매가 나타나야 한다. 세례 요한에게 지적받은 세 부류의 직업인들을 살펴보면서 우리는 21세기를 살아가는 그리스도인 직업인으로서 어떤 회개의 열매를 맺어야 하는지 확인해 본다.

🌱 마음을 엽시다!

  한 환경 컨설팅 회사에서 기획·관리 실무를 담당하는 당신. 회사 홈페이지를 전면 개편하는 일을 맡아 몇 군데 회사에 견적을 의뢰했다. 그런데 한 홈페이지 제작사의 담당 직원이 퇴근 시간 후에 전화를 해서 홈페이지 제작 금액의 10퍼센트를 일종의 리베이트로 제공할 용의가 있으니 자기 회사가 일할 수 있도록 힘써 달라고 제안했다. 이런 상황이라면 담당자인 당신은 어떻게 할 것인가?

1. "회개하라"는 말을 들어본 적이 있습니까? 그 때 어떤 느낌이 들었습니까? 당신은 신앙생활을 하면서 주로 어떤 상황에서, 어떤 문제로 회개했습니까?

  업무상 큰 잘못을 해서 사과를 하거나 책임을 져야 하는 상황이 있었습니까? 그 때의 심정을 떠올려 보십시오.

  그리스도인에게 회개는 믿음의 시작인 동시에 영적 성장 과정에서 지속적으로 필요한 요소입니다. 그리고 회개의 열매는 일상생활에서 구체적인 행동으로 나타나야 합니다. 오늘 이 주제를 함께 생각해 보겠습니다.

  이제 누가복음 3장 7-14절을 읽으십시오.

회개를 촉구하는 외침이 들리는가?(7-9절)

2. 세례 요한이 무리들에게 회개의 메시지를 외칠 때 매우 도전적인 표현을 사용했습니다. 만약 당신이 "독사의 자식들아"라는 심한 말이나 조상들을 우롱하는 말을 듣는다면 어떤 느낌이 들겠습니까?

  세례 요한은 왜 그렇게 강한 표현을 사용했을까요?

> **짧은 주석** '독사'는 성경에서 마귀의 상징으로 사용되며 구약에서 종종 사람들을 해치고 죽게 하는 동물로 알려졌습니다(신 32:33; 사 11:8). 그러니 "독사의 자식들"이란 말은 '마귀의 자식들'로 취급하는 매우 대담한 정면 공격입니다.

3. 현대인들은 '회개'의 개념에 익숙하지 않습니다. 회개하라는 설교 자체를 싫어하는 사람도 많다고 합니다. 왜 그렇다고 생각합니까?

  세례 요한이 그렇게 강하게 이야기한 것은 회개가 필요한 데도 사람들이 회개할 자세가 되어 있지 않았기 때문일 것입니다. 사람들이 진정으로 회개하기 위해서는 기본적으로 어떤 자세가 필요합니까?(눅 5:8, 18:13)

적용포인트 현대인들은 회개라는 것을 잘 모릅니다. 현대인뿐 아니라 옛날 유대인들도 회개를 잘 몰랐습니다. 그런 사람들에게 세례 요한은 회개를 촉구했습니다. 그의 말은 부담스러울 정도로 강경합니다. "독사의 자식들아"에서 시작해 "돌들"로도 아브라함의 자손이 되게 하겠다는 말이나 도끼가 나무뿌리에 놓여 있는 것과 같이 하나님의 진노가 임박했다는 말들은 당시 청중에게 충격적이었을 것입니다. 요한이 그렇게 말할 수밖에 없었던 이유는 회개가 필요한 데도 사람들이 회개할 자세가 되어 있지 않았기 때문입니다. 이 점에서 우리는 어떤 상태인지 우리 자신을 돌아봅시다.

4. 그렇다면 요단 강가로 몰려온 백성을 향해 세례 요한이 어떤 죄를 회개하라고 했을지 상상해 보시기 바랍니다. 당신의 삶에서 회개가 필요한 영역은 무엇입니까?

구체적으로 나타나야 하는 회개의 열매(10-11절)

5. 세례 요한의 도전을 받은 무리는 그에게 나와서 회개의 구체적인 열매에 대해 물었습니다(10절). 그들이 "그러면 우리가 무엇을 하리이까?" 하며 구체적인 행동 지침을 물은 것은 의미심장한 반응입니다. 이런 반응은 그들이 어떤 준비가 되어 있다는 것을 시사합니까?

   당신이 흔히 생각하는 '회개에 합당한 열매'는 무엇입니까?

6. 그때 세례 요한이 강조한 회개에 합당한 열매는 무엇이었습니

까?(11절)

이후에 주님이 자기에게 찾아온 부자 청년에게 요구한 것(눅 18:22)과 훗날 초대 교회 공동체가 성령의 충만함을 통해서 보여 준 행동(행 2:45)에 비춰볼 때 오늘 우리 그리스도인들에게 필요한 회개의 열매는 무엇이라고 생각합니까?

적용포인트 세례 요한의 지적은 현대 사회의 물질적 탐욕과 과소비에도 해당합니다. 우리는 이런 측면에서 회개에 합당한 열매를 맺고 있는지 구체적으로 돌아보아야 하겠습니다.

7. 이어서 요한에게 세리와 군인들이 나와서 그들에게 합당한 회개의 열매가 무엇인지 물었습니다. 그러자 요한은 그들에게 구체적으로 어떻게 회개하라고 말합니까?(13-14절)

> **짧은 주석** 당시에 '세리'는 창기와 더불어 죄인의 대명사로 불릴 만큼 악명 높았습니다(눅 15:1-2 참조). 로마의 압제를 받는 상황에서 로마를 등에 업고 동족의 고혈을 빠는 못된 직업인들이었습니다. 여기에 등장하는 '군인들'도 아마 로마에 충성을 다하는 분봉 왕 헤롯이 고용한 군인들일 가능성이 높습니다. 그들 역시 유대인으로서 로마를 등에 업고 동족을 압제하는 일을 하던 사람들이었습니다.

8. 이 사람들은 세례 요한이 현재의 직업을 그만두라고 말할 것으로 예상했을지 모릅니다. 그러나 세례 요한은 그들의 직업 자체에

대해서 부정적인 말을 하지 않았습니다. 그렇다면 요한은 그들이 현재의 일터에서 어떻게 일하기를 바랄 것 같습니까?(골 3:23 참조) 엘리야가 오바댜에게 악한 왕 아합을 섬기는 그의 직업 자체에 대해서 부정적인 이야기를 하지 않았음을 상기하십시오(왕상 18장 참조).

9. 그러나 만약 창녀들이 세례 요한에게 나와서 세리나 군인들과 같은 질문을 했다면 요한은 어떻게 반응했을까요?(요 8:11 참조)

적용포인트 회개한 그리스도인에게 부적절한 직업이 분명히 있습니다. 오늘 우리 시대에는 어떤 직업들이 그런 부류에 속하는지 서로 이야기해 보십시오.

10. 그 당시의 세리나 군인들에게 관행이었던 비리를 청산하고 정직하게 일하는 것이 회개의 열매였다고 세례 요한이 말했습니다. 그러면 만약 당신이 "우리는 무엇을 하여야 합니까?"라고 질문한다면 세례 요한은 무엇이 회개의 열매라고 대답하겠습니까? 당신의 구체적 직업 현실을 고려하여 토론해 보십시오.

오늘날 직업을 가진 사람이라면 누구나 회개가 필요합니다. 진정으로 그리스도를 믿고 그의 뜻대로 살려는 사람은 언제나 회개하는 삶을 살아야 합니다. 회개의 열매는 일상생활에서 나타나는데, 특히 물질만능주의가 만연한 현대 사회에서는 돈을 어떻게 벌고 쓰는지가 회개의 열매로 나타납니다. 우리 모두 회개의 열매를 맺을 수 있도록 노력해야겠습니다.

직업에 나타나는 회개의 열매

1.

언젠가 유학생 집회(코스타)에 참석했다가 기독 실업인들에게서 아주 감동적인 이야기를 들었다. 그 첫 번째 이야기는 호주 교포 교회의 장로님이 들려준 간증이다. 그는 한국에서 명문 대학 법대를 졸업하고 자만심으로 가득 차 호주에 이민 온 것이 17년 전이라고 했다. 이민 초기에 자신만만했던 그는 일이 잘 안 풀려서 생산직 노동자로 일하게 되었다. 삶에 대한 의지를 상실한 채 살다가 우연히 교회에 나가게 되면서 주님을 알게 되었다.

주님을 만난 후 그에게 제일 먼저 일어난 변화는 바로 직장에서의 자세였다. 이전까지는 열등감으로 가득 차 호구지책으로 공장 일을 했는데 주님을 알고 나서는 믿는 자로서 맡은 일에 최선을 다해야겠다고 생각한 것이다. 일단 이렇게 자세가 바뀌자 일의 생산성이 높아졌다. 그 바람에 주변에 있는 다른 외국인 노동자들에게 질시의 대상이 되는 어려움을 겪기는 했지만 결국 매니저에게 인정을 받게 되었다.

그 후 그는 공장 전체의 시스템이 지니고 있는 문제점들을 분석한 후 매니저에게 보고했다. 물론 처음에는 그 의견이 잘 받아들여지지 않았지만 사명감을 가지고 끈질기게 접촉한 결과 그의 분석과 평가가 인정받았고 다른 공장의 매니저가 되는 결과를 낳았다. 지금 그는 그 공장에서의 경험을 토대로 같은 종류의 공장을 세워 경영하고 있다.

이야기를 마치면서 그는 자기의 이민생활과 인생 자체가 아주 성공적이라고 술회했다. 고생 끝에 사업이 성공해서 그렇게 말한 것만은 아니다. 그는 대학 동기들처럼 명예를 얻지는 못했지만 예수 그리스도를 만났고 그분을 통해 새로운 인생을 살게 되었으니 성공한 인생이라고 생각한다고 했다.

이야기를 들으면서 나는 현대판 요셉, 현대판 다니엘의 이야기를 듣는 것 같았다. 보디발의 집과 감옥에서 충성했던 요셉, 느부갓네살 왕과 다리오 왕 아래서 재정문제에 충성했던 다니엘이 결국은 각각 외국에서 총리가 되었다. 그들의 신앙이 일을 하는 자세에서 드러났기 때문에 그들의 성공은 신앙의 결과였다고 할 수 있다. 그렇지만 요셉이나 다니엘의 인생이 성공적이었던 것은 그들이 총리가 되었기 때문이 아니다. 그들이 언제 어떤 상황을 만나든지 하나님과 동행했다는 데 성공요인이 있었다는 사실을 잊어서는 안 된다.

우리의 신앙은 영적 변화를 말하지만 그것은 분명히 생활로 나타나야 한다. 직장인들에게 그것이 제일 먼저 나타날 수 있는 영역이 업무자세이다. 우리 신앙은 직업에 대한 자세를 변화시켜 준다. 그 변화는 직업에서 성공의 기초가 된다. 그러나 참 신앙은 직업에서의 성공을 인생에서의 성공이라고 말하지 않는다. 이것이 그리스도인 직장인이 가져야 할 신앙, 직업, 성공에 대한 균형 잡힌 생각이다.

2.

두 번째 이야기는 함께 갔던 기독 실업인이 학생들 앞에서 간증한 내용이다. 그는 하나님을 믿기 전에는 사업을 위해서 술이나 여자, 뇌물도 필요하면 마다하지 않고 이용했다고 한다. 우리 사회에서 사업을 하려면 필수라고 생각해서 별 죄책감 없이 남들이 하는 대로 한 것이다. 그런데 예수를 믿고 나서 가장 먼저 걸린 것이 바로 이 문제였다. 그러나 이런 '관행'을 따르지 않는 것은 사업을 포기하는 것이나 다름이 없다고 생각했기 때문에 쉽게 결정하기는 어려웠다. 갈등 끝에 결국은 "죽으면 죽으리라"는 심정으로 이런 관행들을 다 거절하기로 결단했다. 물론 그러는 과정에서 어려움이 없지 않았으나 하나님의 은혜로 계속 사업을 잘하고 있다.

이야기를 마치면서 그 역시 신앙은 돈과 사업, 기업윤리와 결코 무관하지 않다는 것을 강조했다. 물론 그가 현재 기업 활동을 하는 데 윤리적으로 완전무결하다고 생각하지는 않는다. 이 땅에서, 더구나 구조적인 악이 뿌리깊게 박혀 있는 우리 사회에서 완전무결한 기업윤리는 있을 수 없다. 다만 어쩔 수 없는 현실이라고 쉽게 포기하지 않고 정직을 추구하려는 결단이 의미 있는 것이다.

그의 간증을 들으면서 나는 회개한 세리와 군인들에게 세례 요한이 한 말이 생각났다. "부과된 것 외에는 거두지 말라"(눅 3:13), "사람에게서 강탈하지 말며 거짓으로 고발하지 말고 받는 급료를 족한 줄로 알라"(눅 3:14)고 했던 세례 요한의 권면은 회개하고 예수를 믿는 직장인이나 기업인들에게 구체적인 열매를 제시하고 있다. 직업을 가진 사람들에게 회개의 열매는 그들의 일터에서 나타나야 하며 지금까지 하던 잘못된 관행을 버리고 정직하게 일하는 것으로 나타나야 한다.

신앙은 직업관과 직업윤리에 영향을 미쳐야 한다. 우리 신앙이 이러한 영향을 미칠 때 비로소 세상에서 빛이 되고 소금이 되는 사명을 감당할 수 있을 것이다.

이 두 사람의 간증을 통해서 생활 속의 간증이 감동적일 수 있다

는 사실과 평신도 직장인들이 실제적으로 더 많은 은혜를 끼칠 수
있다는 사실을 깨달았다.

(글: 방선기 목사)

제 2과
일터에서
주님을 만난 사람
(눅 5:1-11)

이 과의 목표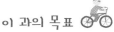

어부였던 베드로는 자신의 일터에서 예수님을 만나 새로운 삶을 살게 되었다. 주님을 만난 사건이 베드로의 일생을 바꾸었던 것처럼 현재 우리 일터에서도 같은 사건을 기대할 수 있다. 우리도 일터에서 주님을 만나야 한다. 주님이 주시는 사명을 받아야 한다. 이 과를 통해 주님께서 우리 인생을 의미 있게 하시도록 우리 자신을 주께 맡겨 드린다.

🌱 마음을 엽시다!

　한 일간지 광고 영업부에서 3년간 일해 온 당신. 요즘 들어 부쩍 그리스도인으로서 일하기가 결코 쉽지 않은 그 부서의 현실에 절망하고 있다. 어떻게 해서든 하나님의 방법으로 일하고 싶었는데 여의치 않다. 건설 경기도 불황인 탓에 아파트 분양 광고가 줄었지만 어떤 방법을 이용해서라도 광고 매출 목표를 달성해야 한다. '예수쟁이' 티를 내려고 노력하면서 일하는 것도 너무 벅차다. 이 어려운 현실을 어떻게 해결할 수 있겠는가?

1. 당신은 언제 어떻게 예수 그리스도를 만나셨습니까? 당신은 지금 예수님을 인생의 주인으로 모시고 있습니까?

　예수님을 마음으로 믿어 영접한 사건이 당신의 삶에, 특히 당신의 직장생활에 어떤 변화를 가져다주었습니까? 사소한 변화라도 이야기해 보시기 바랍니다.

　어부였던 베드로는 예수님을 만나서 새로운 삶을 살게 되었습니다. 주님을 만난 사건이 베드로의 인생을 변화시켰던 것처럼 현재 우리에게도 그런 일이 일어날 수 있습니다.

　이제 누가복음 5장 1-11절을 읽으십시오.

주님의 말씀을 들어야 한다(1-4절)

2. 베드로는 어떤 상황에서 예수님을 만나게 되었습니까? 그날 아침 갈릴리 호숫가의 정황을 생생하게 그려보십시오(1-3절).

> **짧은 주석** 예수님은 주로 회당에서 가르쳤던 랍비들과는 달리 사람들이 모인 여러 곳에서, 특히 일터에서 말씀을 가르치셨습니다. 이 차이를 통해서 예수님의 성육신(요 1:14 참조)이 인간 삶의 전 영역에 풍성하게 임한 놀라운 은혜임을 알 수 있습니다.

3. 특히 베드로는 힘든 철야 근무를 마치고 장비를 정리하던 중에 일터로 찾아오신 예수님을 만났고(1-2절), 예수님과 만나게 된 베드로는 집에 가서 잠을 자는 대신에 예수님의 말씀에 집중할 수밖에 없는 상황에 처했습니다(3절). 이 장면을 가만히 상상해 보십시오. 왜 베드로는 예수님의 말씀을 들을 수밖에 없었습니까?

베드로가 예수님의 말씀을 들음으로써 예수님과의 만남이 시작되었습니다. 이 사실은 오늘날 우리에게 어떤 진리를 가르쳐줍니까?(롬 10:17; 살전 2:13)

4. 현재 당신은 일터에서 주님의 말씀을 어떻게 듣고 있습니까? 일터에서도 성경 말씀을 들을 수 있는 방법을 생각해 보십시오.

그렇다고 베드로가 이 때 예수님의 말씀을 처음 들은 것은 아닙니다. 베드로는 전에도 예수님을 알았고 예수님이 베드로의 집에 하룻밤 묵어가시기도 하는 사이였습니다(눅 4:38-44). 그러나 이 날 아침, 주님의 말씀을 들은 사건은 특별한 의미가 있었습니다. 우리도 늘 듣는 말씀이지만 어느 순간 듣는 말씀이 특별히 의미 있게 다가올 수 있습니다. 이 사실을 꼭 기억하면서 주님의 말씀에 집중합시다.

주님을 만나니 나는 죄인이더라(5-8절)

5. 말씀을 마치신 예수님은 베드로에게 무엇을 지시하셨고 베드로는 어떻게 반응했습니까?(4-5절) 특히 베드로가 예수님의 지시에 순종해 깊은 곳으로 갔던 이유에 주목해야 합니다(5절).

6. 전직 목수이자 현직 랍비인 예수님이 평생 물고기 잡는 일을 해왔던 베드로의 고기잡이 방법에 대해 관여하신 것을 어떻게 생각합니까?

적용포인트 예수님은 성도들의 삶의 모든 부분에 관심이 있으십니다. 이 때 베드로는 자신의 경험보다 주님의 말씀을 의지해서 엄청난 결과를 얻었습니다(6-7절). 이것은 세속 직업에 종사하는 성도들에게 두 가지 교훈을 줍니다.

첫째, 예수님이 베드로의 당면 문제인 고기 잡는 일에 관여하시고 실제로 고기를 잡게 해주신 것을 통해서 주님은 지금도 모든 일터에서 일어나는 문제에 관여하심을 알 수 있습니다. 말씀과 삶, 신앙과 직업이 괴리된 채로 생활하기 쉬운데 적어도 우리 주님에게는 그렇지 않습니다. 주님은 말씀을 가르치는 것을 중시하는 것만큼 성도들의 일터에서 일어나는 문제에도 관심을 가지고 그것을 해결해 주십니다.

둘째, 베드로는 예수님의 말씀이 자기 경험과 상식에 어긋나지만 순종해서 엄청난 결과를 얻었습니다. 예수님의 말씀을 자기 상식보다 더 우선시한 것이 바로 그의 신앙의 표현입니다. 오늘날에도 직장 경험이나 경영학 지식 등을 무시할 수 없습니다. 그러나 주님의 말씀이 세상의 방식과 다를 때는 주님의 방법을 따라야 합니다.

7. 두 배를 가득 채울 만큼 많은 고기를 본 사람들은 매우 기뻐했을 것입니다. 그러나 베드로는 기뻐하는 대신 무서워하면서 예수님 앞에 엎드렸습니다(8절). 왜 그랬을까요?

베드로는 예수님이 보여주신 능력을 통해 예수님이 보통 사람이 아니라는 사실을 깨닫고 자신에 대해서 어떤 고백을 했습니까?(8절하)

주님이 주시는 새로운 인생의 목적(9-11절)

8. 예수님의 능력과 신성(神性)을 보고 자신의 존재를 깨달은 베드로에게 예수님은 어떤 일을 맡기셨습니까?(10절)

예수님은 고기 잡는 일도 귀하게 생각하시고 그 일을 통해서 놀라운 복을 주셨습니다. 하지만 예수님의 궁극적인 관심사는 사람의 영혼을 구원하는 것입니다. 예수님은 오늘 우리도 그렇게 살기를 바라십니다.

9. 예수님의 부르심을 받은 베드로와 그의 친구들은 모든 것을 버

려두고 예수님을 따랐습니다(11절). 당신은 일터에서 당신을 부르시는 예수님의 초청에 어떻게 반응해 예수님을 따르겠습니까?

베드로와 친구들은 사람을 낚는 일에 전념하기 위해 어부 일을 그만 두었습니다. 현재 목회자들이 그런 셈입니다. 그러나 당시에 예수님을 만난 어부들 중에는 계속 고기를 잡으면서 주변에 있는 어부들의 영혼을 구하기 위해 노력한 사람들이 있었을 것입니다. 이 두 선택에서 어느 한쪽이 우월한 것은 아닙니다. 차이는 있어도 차별은 결코 없습니다. 우리도 과연 어느 쪽에서 사람을 낚는 일을 할 것인지 결정하고 힘써야 하겠습니다.

제3과
대인관계의
성경적 원리
(눅 6:27-36)

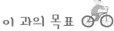

이 과의 목표

  일하는 그리스도인들뿐 아니라 모든 성도의 삶에서 대인관계는
중요하다. 이 중요한 대인관계에 어떤 성경적 원리가 있는 것일까?
예수님은 본문에서 대인관계의 원리와 더불어 신앙적 동기에 대해
서도 가르쳐주신다. 따라서 우리는 그리스도인으로서 남들과 구별
된 모습을 보여주어야 한다. 과연 어떻게 해야 그리스도인다운 대
인관계의 원리를 배우고 실천할 수 있을지 예수님께 배워본다.

🌱마음을 엽시다!

옵셋 인쇄 분야에서 국내 3, 4위의 매출을 올리는 C인쇄소의 영업 2부장인 당신. 영업 담당 상무는 입만 열면 술 접대도 안 하고 영업을 하니 늘 실적이 영업 1부나 3, 4부보다 떨어진다고 잔소리를 한다. 작년에도 영업 2부가 월간 매출 1위를 세 번이나 했고 연 매출은 2위를 했으며 대손(貸損)도 가장 적었는데도 늘 술과 영업을 연관 지으면서 눈엣가시처럼 여긴다. 상무님 코를 납작하게 해 줄 수 있는 방법은 없는 것일까?

1. 당신이 일하는 일터에서 대인관계가 좋다고 평가받는 사람들은 어떤 부류의 사람들입니까?

그 점에 대해서 그리스도인으로서 어떻게 생각합니까? 그리스도인은 대인관계에서 불리합니까? 혹은 유리한 점도 있습니까?

세상에서 살아갈 때 사람들과 좋은 관계를 유지하는 것은 중요합니다. 예수님은 관계에 대한 원리와 함께 신앙적인 동기에 대해서 가르쳐 주십니다.

이제 누가복음 6장 27-36절을 읽으십시오.

대인관계의 세 가지 유형

2. 대인관계의 유형은 크게 세 가지로 나눌 수 있습니다. 첫 번째 유형은 감정적으로 사람들에게 상처를 주고 해를 끼치는 것입니다(27-29절: 미워함, 저주, 모욕, 뺨을 침 등). 다윗이 베푼 은혜에 보답하기를 거절한 나발이 대표적인 사람입니다. 나발을 그의 종들이 어떻게 평가하고 있습니까?(삼상 25:14-17)

은혜를 입으면 감사를 표현하는 것이 상식인데 이런 상식 수준의 반응도 보이지 않는 사람들이 있습니다. 나발과 같은 극단적인 반응을 보이지는 않더라도 이런 유형의 사람들을 일터에서 만나면 어떻게 대응하십니까?

적용포인트 소설이나 영화를 보면 부모나 스승의 원수를 갚기 위해서 자신의 한평생을 던지는 사람들의 이야기가 종종 나옵니다. 그렇다면 오늘 우리에게 원수는 어떤 사람들일까요? 주변에서 흔히 만나는 사람들 중에 감정적으로 갈등을 일으키는 사람들일 수도 있습니다. 27-28절에서는 미워하는 사람, 저주하는 사람, 모욕하는 사람으로 묘사하는데 결국은 감정적으로 불편한 사람들을 말합니다. 일터에서도 일하다가 혹시 말 한마디나 우연한 실수 때문에 사람들 사이에 갈등이 생기고 급기야 원수 관계가 될 수 있습니다. 이런 상황에서 정서적인 피해의식(원수 의식)을 떨쳐버릴 수 있어야 합니다.

3. 두 번째 유형은 본문에 나오는 대로 사랑하는 자를 사랑하고 선대하는 자를 선대하고 받을 것을 기대하고 빌려주는 매우 상식적인 수준의 행동을 하는 것입니다. 그러나 예수님은 이런 유형

에 만족하지 않으셨습니다. 왜 그러셨습니까?(32-34절)

4. 세 번째 유형은 예수님이 우리 그리스도인들에게 기대하는 유형
인데 어떤 것입니까?(27-29절, 35절상)

사실 이 유형은 우리가 상식적으로는 본받기 힘든 수준의 인격
을 가진 사람입니다. 그러나 우리 주변에서 가끔 이런 사람들을
볼 수 있습니다. 당신 주변에서 그 예를 찾아보십시오(창 26:12-22
참조).

5. 예수님의 방식대로 사람들을 대하기만 하면 우리가 사는 세상은
그야말로 천국과 같아질 것입니다. 그런데 우리는 왜 그렇게 하
지 못합니까? 간혹 이렇게 원수를 사랑하는 사람을 볼 수 있는
데 그들이 그렇게 할 수 있는 원동력은 무엇이라고 생각합니까?

차원 높은 대인관계를 잘 유지하려면

6. 예수님은 상식을 초월하는 차원 높은 대인관계를 우리에게 요구
하셨습니다. 그런데 무턱대고 높은 수준의 요구만 하신 것이 아
니라 그렇게 할 수 있는 동기를 부여하셨습니다. "남에게 대접
을 받고자 하는 대로 너희도 남을 대접하라"(31절)는 말씀은 인간
관계의 '황금률'로 알려져 있습니다. 이 원리를 대인관계나 직장

생활에 어떻게 구체적으로 적용할 수 있겠습니까? 구체적인 방법이나 인물을 생각해 보십시오.

적용포인트 다른 사람이 내게 해주기를 원하는 만큼 내가 먼저 베푼다면 대인관계는 바람직해질 것입니다. 아내는 남편이, 남편은 아내가 자신에게 해주기를 원하는 것을 먼저 해주면 됩니다. 내가 대접받고 싶은 것을 상품이나 서비스에 담아 고객에게 대접해 주면 그만큼 고객으로부터 대접받을 것입니다. 동료들이나 윗사람, 혹은 아랫사람에게도 내가 하고 싶지 않은 것을 시키거나 요구하지 않으면 됩니다. 이런 역지사지를 실천하다 보면 좋은 관계를 맺게 되고 조금만 더 노력하면 사람들 간의 관계는 더 좋아지게 됩니다. 이 원리를 일터 속의 대인관계와 고객 대응, 노사 관계 등에 구체적으로 적용해 보십시오.

7. 예수님은 원수를 사랑하고 친절하게 대하고 아무 것도 바라지 말고 꾸어 주라고 하셨습니다(35절). 상식을 뛰어넘는 대인관계의 미덕입니다. 이 말씀에 순종하면 어떤 상이 주어집니까? 구체적으로 당신이 기대하는 상은 어떤 것입니까? 현세에서 받을 것과 내세에서 받을 '큰 상'을 나누어 생각해 보십시오.

대인관계를 잘하면 받을 상이 크다는 점은 우리가 높은 수준의 대인관계를 맺기 위해 노력해야 한다는 분명한 동기를 제공해 줍니다. 보상 없이 순수한 인격 자체에서 우러나오는 '의무의 준칙'만 동기부여가 되는 것이 아닙니다. 예수님의 신앙적 동기부여는 이렇게 상을 기대하는 것입니다.

8. 황금률과 보상을 통한 동기 부여는 하나님을 믿지 않는 사람들에게도 적용됩니다. 그러나 하나님을 믿는 사람들에게는 상식을 넘어서는 대인관계를 하게 하는 더 큰 동기가 있습니다. 그것은

무엇입니까?(36절) 하나님의 자비와 사랑을 아는 그리스도인 직업인은 일터에서 어떻게 이 말씀을 적용할 수 있습니까?

9. 하나님은 상식을 초월하는 사랑을 어떻게 보여주셨습니까?(롬 5:7-8)

당신은 이 말씀을 어떻게 대인관계에 적용하겠습니까?

복음은 본래 상식을 초월하는 하나님 사랑의 표현입니다. 우리가 죄인이었을 때 하나님은 아들을 세상에 보내어 죽임당하게 함으로 우리를 구원해 주셨습니다. 이런 하나님의 자비와 사랑을 분명히 느낀다면 일터에서 나를 힘들게 하는 사람이 있더라도 하나님의 자비를 실천하기 위해 노력해야 합니다. 하루아침에 이루어지지는 않겠으나 우리가 기도하면서 노력한다면 일터에서 대인관계를 통해 하나님의 사람임을 입증할 수 있을 것입니다. 우리의 대인관계에서 예수님이 말씀하시는 귀한 원리를 나타낼 수 있어야 합니다.

제 4과
칭찬받는
직업인의 모델
(눅 7:2-10)

이 과의 목표

  사람들에게 칭찬을 받는 것은 기분 좋은 일이다. 특히 오늘 우리 한국 교회에서 그리스도인들이 세상 사람들에게 칭찬받는 일이 더 많아져야 할 것이다. 우리가 더욱 노력해야 할 부분이다. 만약 우리가 예수님의 칭찬을 받는다면 당연히 세상 사람들도 우리를 칭찬할 것이다. 이런 경험을 한 로마인 백부장에게서 칭찬받는 신앙 인격을 배울 수 있다. 어떻게 백부장이 칭찬받는 사람이 되었는지 꼼꼼히 살펴본다.

 **마음을 엽시다!**

B시에 있는 한 은행에서 청원경찰로 일을 시작한 당신. 입사해 보니 당신의 '자리'가 꽤 악명이 높다. 이야기를 들어 보니 전임 자들이 하나같이 최악이었다고 한다. 근무 중에 술을 마시는 사 람, 마치 지점장인양 권위적인 사람, 근무 중 어딘가 사라졌다가 은행에 난리가 나야 나타나는 사람들이었다. 고객들과 싸우는 사람도 있었다. 지점장이 새로 일을 시작한 당신에게 요구한 것 은 그저 '그 자리에 있어서 든든한 사람'이 되어주는 것이다. 어 떻게 하면 당신은 전임자들의 오명을 씻고 칭찬받을 수 있을까?

1. 일터에서 함께 일하는 동료들의 칭찬을 받는 이들은 주로 어떤 사람들입니까? 당신도 그런 칭찬을 받고 있습니까?

   사람들의 칭찬을 받는 것도 좋으나 하나님의 칭찬을 받는 것 이 더 중요합니다. 이 둘의 차이점은 어떤 것일까요?

   하나님께 칭찬받는 직장인이나 기업인이 되려면 어떻게 해야 한다고 생각하십니까?

   이제 누가복음 7장 2-10절을 읽으십시오.

조직 사회 안에서 드러나는 신앙 인격 (2절)

2. 로마 군대의 백부장은 한 '종'이 중병에 걸리자 어떻게 반응했습니까?(2-3절)

> **짧은 주석** 여기 나오는 '종'(헬라어: '둘로스')은 백부장에 속한 100명의 부하 군인이 아니었습니다. 아마도 빚 때문에 종의 신분으로 전락한 유대인이었을 것입니다.

식민지의 로마 주둔군 고위 장교 역할을 했을 백부장의 지위를 감안할 때 이런 반응(더구나 2절의 '사랑하는 종')에 대해 어떻게 생각하십니까? 당신은 일터에서 아랫사람들이 개인적 어려움을 당했을 때 어떻게 반응하십니까?

3. 백부장은 종의 병에 공적인 책임이 없음에도 개인적인 사랑을 보여주었습니다. 이런 모습은 오늘 직장 생활을 하는 우리 그리스도인들에게 무엇을 가르쳐줍니까?

4. 그렇다고 해서 그가 조직 내의 권위나 질서를 무시하는 사람은 아니었습니다. 무엇을 보면 알 수 있습니까?(8절)

그렇다면 조직 내에서 보여주는 그의 리더십에서 우리가 배울 점은 무엇일까요?(눅 22:24-30 참조)

적용포인트 백부장은 미천한 종을 사랑하는 동시에 조직의 일원으로서 원리 원칙을 아는 사람이었습니다. 때로 명령을 주고받는 관계가 되면 인간적인 사랑을 잃어버리기 쉽고 인간적인 사랑을 강조하다 보면 원칙이 무시되어 조직이 와해될 수도 있습니다. 그런데 이 백부장은 이 둘 사이의 균형을 잘 이루었습니다. 오늘날 조직사회에서 이 두 균형이 필요합니다. 그리스도인들이 무자비하다는 평가를 받아서는 안 됩니다. 또한 조직을 원만하게 이끌기 위해서는 원칙적인 리더십을 반드시 갖추어야 합니다.

대인관계에서 드러나는 신앙 인격(3-6절)

5. 백부장은 종을 치료해 주실 것을 예수께 요청하는 일과 예수님이 자기 집에 오시는 것을 막는 일을 다른 사람들을 통해서 했습니다. 각각 어떤 사람들이었습니까?(3, 6절)

짧은 주석 이 "유대인의 장로 몇 사람"과 "벗들"을 같은 사람들로 볼 수도 있겠고 후자는 개인적 친분 관계에 있던 친구로 볼 수도 있습니다. 어떻게 보아도 백부장의 깊은 인간관계를 보여주는 점에서는 차이가 없습니다.

6. 이처럼 예수께 병든 종을 치료해 달라고 부탁하는 일을 대신해 줄 수 있는(특히 4절, "간절히 구하여") 벗들을 두었다는 점에서 백부장의 어떤 인격을 배울 수 있습니까?(골 4:5-6; 딤전 3:7 참조)

백부장이 아랫사람을 사랑하고 동료들과 유대관계를 잘 유지하는 모습을 통해 그의 인격적인 면을 배울 수 있습니다. 특히 백부장은 주둔군 장교로서 얼마든지 거드름을 피우며 살 수 있었습니다. 그러나 그는 오히려 식민지 사람들을 사랑했으며 유대인들을 위해 회당을 지어주었다고 합니다(5절). 한 사람의 됨됨이는 이렇듯 주변 사람들을 통해서 정확하게 알 수 있습니다. 직장인은 지위가 올라가서 사람들이 그의 앞에서 쩔쩔 매면 은근히 교만해지기 쉽습니다. 우리 그리스도인들은 이런 유혹을 이기고 오히려 자신의 높아진 지위를 사람들을 섬기는 기회로 삼아야 하지 않겠습니까?

7. 특히 백부장이 이방인으로서 유대 사회에서 큰 칭찬을 받은 것은 이례적입니다(행 10:1-2 참조). 반대로 우리는 그리스도인으로서 믿지 않는 사람들과 함께 살면서 칭찬을 듣기 위해 애써야 합니다. 어떻게 해야 할지 구체적으로 이야기해 보십시오.

예수님에 대한 신앙(7-10절)

8. 백부장이 예수님에게 칭찬을 받게 된 결정적 요인은 역시 그의 믿음이었습니다. 그의 믿음은 예수님을 향한 단순한 종교적 열정 이상의 구체적인 마음과 행동으로 나타났습니다. 백부장이 예수님에 대해서 가지고 있는 믿음은 어떻게 표현되었습니까?(3, 7절)

9. 막상 예수님을 믿는다면서도 예수님의 능력이 나타날 것을 확신하지 못하는 사람들이 있습니다. 이런 성도들에게 주님은 어떻게 권면하십니까?(막 9:23, 29)

10. 예수님을 향한 백부장의 겸손한 태도를 통해서 그가 예수님의 능력을 믿었을 뿐 아니라 그분을 비범한 선생으로 받아들인 것을 알 수 있습니다(7-8절). 이것은 예수님의 놀라운 사역을 보고 자신을 죄인이라고 고백했던 베드로의 고백과도 일맥상통합니다(눅 5:8). 당신도 예수님 앞에서 이런 믿음을 가지고 살고 있습니까? 만약 그렇다면 당신도 예수님에게 칭찬받는 그리스도인 직업인이 될 수 있습니다.

결국 백부장은 예수님이 하나님이라는 사실을 믿는 믿음과 아랫사람들과 동료들과의 관계를 바람직하게 맺는 신앙 인격을 가지고 있었습니다. 하나님을 제대로 믿는 사람이 일터에서 쌓는 바람직한 관계의 미덕을 이렇게 보여줄 수 있습니다. 예수님께 칭찬을 받은 백부장은 두 가지 측면의 조화를 이루고 있습니다. 이런 면에서 그리스도인 직업인의 모델이 될 수 있습니다. 우리도 백부장을 본받아 부족한 부분을 보완해서 주님께 칭찬받는 사람이 됩시다.

실패하는 사람들의 세 가지 습관(눅 10:38-42)

스티븐 코비의 『성공하는 사람들의 7가지 습관』(김영사, 2003)은 세계적인 베스트셀러이다. 이 책은 자기계발서이지만 그 내용이 성경적이라 그리스도인들에게도 도전이 된다. 이 습관들을 살펴보면서 실패하는 사람들은 이런 습관과 반대되는 습관을 가지고 있지 않을까 생각해 보았다. 성경 속 마르다를 보면 그 생각이 딱 들어맞는다. 마르다는 실패한 사람을 연상케 한다. 아마 우리 중에도 나름대로 열심히 살지만 실패의 길을 걷는 사람들이 있을 것이다. 잘못된 습관 때문이다. 마르다를 통해서 잘못된 습관이 무엇인지 찾아보자.

자기 관리의 실패: 긴급한 일 때문에 중요한 일을 놓친다

마르다는 예수님을 맞이하기 위해서 여러 계획을 세웠을 것이다. 준비할 것도 많았고 할 일도 많았다. 그러나 일의 우선순위를 판단하는 능력을 잃어버렸다. 스티븐 코비가 지적한대로 긴급한 일들 때문에 중요한 일에 집중하지 못한 것이다. 이에 비해 마리아는 중요한 일 한 가지에 집중했기 때문에 최선의 결과를 얻고 칭찬도 들을 수 있었다.

주님을 위해 음식이나 잠자리를 준비하는 일은 하찮고 말씀을 듣는 것만 중요하다는 뜻이 아니다. 중세 교회는 이 말씀을 그렇게 해석해서 육체노동은 무가치하고 수도원에서 수도하는 것이 가장 귀하다고 주장했다. 이 본문이 가르치는 바는 그런 뜻이 아니다. 어떤 상황에서 가장 중요한 일이 무엇인지 모르면 당장 눈앞에 닥

친 일에 빠져서 꼭 해야 할 일을 못 한다는 뜻이다.

개인적으로 너무 일이 바빠서 건강관리를 못하는 것도 문제이다. 가족을 먹여 살리는 일에 바빠서 자녀들에게 문제가 생기는 것도 이런 문제이다. 기업도 그런 실수를 하기 쉽다. 당장 눈앞에 있는 급한 문제 때문에 중요한 일을 소홀히 하다 보면 궁극적으로 실패하는 기업이 되고 만다. 어떤 영역에서든지 무엇이 가장 중요한지 우선순위를 정해서 그것에 따라 행동해야 한다. 그렇지 않으면 열심히 일하고도 실패할 수 있다.

대인 관계의 실패: 나와 다른 사람을 용납하지 못한다

마르다는 자기는 식사 준비로 여념이 없는데 마리아가 예수님의 말씀만 듣고 앉아 있자 못마땅하게 생각했다. 아마도 동생이 얌체 같다고 비난했을 것이다. 마르다는 자기와 다른 마리아를 이해하지 못했고 받아들일 마음의 여유조차 없었던 것이다. 자기 일에 빠지면 다른 사람을 배려하는 마음의 여유를 잃기 쉽다. 이 원칙은 부부 관계에도 그대로 적용된다. 직장에서 동료들과의 관계도 이렇게 나와 다른 사람을 용납하지 못할 때 나빠질 수 있다. 열심히 일하다가 주변에 있는 사람들에게 상처를 주는 경우가 많다. 이런 실수에 빠지지 않기 위해서는 일에 빠졌던 마음을 정리하고 사람들을 향해서 마음을 열어야 한다. 다른 사람들이 하는 일을 인정해 주어야 한다.

요즘 주변에 있는 사람들이 못마땅하게 보이지는 않는가? 가만히 생각해 보라. 혹시 당신 자신에게 문제가 있지는 않는가? 만약 그렇다면 마음을 가다듬고 마음의 여유를 회복해야 한다.

믿음의 실패: 주님을 위한 일과 자기만족을 위한 일을 혼동한다

마르다는 주님을 영접하고 대접하기 위해서 바쁘게 음식 준비를 했다. 손님에게 이런 마음을 가지는 것은 귀한 일이다(롬 12:13; 히 13:2). 그러나 마르다의 마음을 보면 주님을 대접하면서 주님을 기쁘게 하기보다는 자기가 계획한 일을 이루는 데 더 관심을 보였던 것 같다. 주님을 위한다면서 결국 자기만족에 빠진 것이다.

우리나라 사람들이 손님 접대를 하면서 이런 실수를 많이 한다. 즉 손님의 의사와 무관하게 자기 식으로 대접하고 만족하는 것이다. 넓게는 신앙생활에서도 그런 실수를 할 수 있다. 자기 나름대로 하나님을 위한 일이라고 몇 가지 항목을 정해 놓고 주님이 기뻐하실 것인지를 전혀 고려하지 않고 밀어붙이는 것이다.

다윗은 하나님을 위해서 성전을 지으려고 많은 준비를 했지만 하나님이 거절하시자 그 뜻에 순종했다. 자신의 뜻을 관철시키려고 하지 않았다. 그런데 그리스도인들 중에는 그렇지 못한 사람들이 많다. 이사야 선지자가 활동할 당시의 유대인들도 하나님을 위해서 안식일이나 절기를 지키고 예물을 드리고 기도도 했다. 그러나 선지자는 그런 유대인들을 오히려 책망했다. 그들은 하나님의 뜻을 모르고 그저 자기들의 종교적 만족을 위해서 가식적인 종교 행위를 했던 것이다.

직장에서도 비슷한 실수를 할 수 있다. 선교를 위해서 사업을 한다는 생각이나 돈을 벌면 많은 헌금을 하겠다는 생각은 좋지만 그 과정에서도 순간순간 주님의 뜻을 살펴야 한다. 그렇지 않으면 마르다와 같은 실수를 범하기 쉽다.

믿음으로 하는 일이라고 생각했지만 결국 자기만족을 위해 일한 적은 없는가? 만약 그렇다면 주님 앞에서 자신을 돌아보고 회개해

야 한다.

마르다는 매우 활동적으로 주님을 섬겼을 것이다. 사실 나중에는 초대 교회에서 리더의 역할을 했을지도 모른다. 그러나 오늘 본문에서는 전형적인 실패자의 모습을 보여준다. 마르다를 통해서 우리를 비추어보자. 자신에게 주어진 일들을 우선순위에 따라 관리하고 있는가? 일을 열심히 한다는 이유로 주변 사람들과의 관계를 깨뜨리지는 않는가? 주님을 위해서 믿음으로 일한다면서 결국 자기만족에 빠져버리지는 않는가?

주님은 마르다를 책망하셨지만 그녀를 포기하지는 않으셨다. 아마도 이런 책망을 통해서 그녀의 믿음과 생각을 새롭게 해주셨을 것이다. 그런 주님이 오늘 우리에게도 같은 은혜를 베푸시기 원한다.

(글: 방선기 목사)

제5과
염려하지 말아야 할
세 가지 이유

(눅 12:22-34)

이 과의 목표

　의식주가 빈곤한 사람은 물론 어느 정도 살 만한 사람들도 돈 걱정을 한다. 이 문제를 힘든 경제 여건 속에서 누구나 겪는 문제라며 대수롭지 않게 생각할 수도 있다. 하지만 다르게 사는 사람들인 우리 그리스도인들은 이 문제에 대해 세상 사람들과는 다른 가치관을 가지고 있어야 한다. 염려 문제에 대해 주님의 말씀에 귀를 기울이면서 염려 대신 무엇을 어떻게 해야 하는지 우리 나름의 대안을 찾아본다.

✿마음을 엽시다!

19년 전에 입사해서 중소기업의 관리 팀장으로 일하는 당신. 월급은 늘 빠듯한데 올해는 둘째 아이까지 고등학생이 되어 두 아이 학비를 대는 것도 만만찮다. 내년엔 큰 아이가 대학에 입학할 텐데 어떻게 학비를 댈지 고민이 많다. 곧 오십이 되는 나이를 생각하면 노후 준비도 해야 하는데 꿈도 꾸지 못한다. 연로하신 부모님을 섬기는 일도 만만치 않고 아이들의 성장으로 돈 들어갈 곳도 많아 늘 돈 걱정을 하지만 뾰족한 수는 없다. 언제쯤 돈 걱정하지 않고 마음 편하게 살 수 있을까?

1. 요즘 당신이 가장 염려하는 문제는 무엇입니까?

경제적인 문제로 염려할 때 당신은 대개 어떤 방법으로 해결합니까?

누구나 겪는 염려의 문제에 대해서 주님의 말씀에 귀를 기울입시다.

이제 누가복음 12장 22-34절을 읽으십시오.

염려하지 말아야 할 논리적 이유(22-24절, 27-28절)

2. 사람들은 대부분 경제적인 염려가 생겼을 때 어떻게든 돈을 구하는 것이 유일한 해결책인 것처럼 생각합니다. 그런데 그것보다 먼저 해결해야 할 것이 있습니다. 예수님은 의식주에 대한 염려를 하지 말라고 말씀하시면서 논리적인 이유를 들어주셨습니다. 무엇입니까?(23-24, 27-28절)

   1) 23-24절

   2) 27-28절

   우리가 잘 아는 "산 입에 거미줄 치랴"는 속담을 생각해 보아도 예수님이 제시하시는 염려하지 말아야 할 논리적 이유를 이해할 수 있습니다.

3. 이렇게 염려하지 말아야 할 논리적 이유를 제대로 이해하기 위해서는 우리 자신의 가치를 제대로 이해해야 합니다. 성경은 우리를 어떤 존재라고 말합니까?(시 8:5-6)

   사람과 비교할 때 까마귀나 백합은 별것 아닌 것처럼 보입니다. 그런데도 하나님이 그것들을 키워주신다면 그보다 훨씬 귀하게 창조하여 만물을 다스리는 책임을 맡겨 놓은 사람들을 지켜주시는 것은 당연하지 않겠습니까? 일단 염려하지 말아야 할 이유를 이렇게 논리적으로 이해합시다. 그러나 사람들은 보통 논리적으로는 이해하면서도 걱정하는 것을 멈추지 못합니다. 그래서 주님은 염려하지 말아야 할 두 번째 이유를 가르쳐주십니다.

염려하지 말아야 할 현실적 이유 (25-26절)

4. 예수님은 염려하지 말라고 말씀하시면서 매우 현실적인 이유를 제시하셨습니다. 그것은 무엇입니까?(25-26절)

5. 사실 어떤 일, 특히 경제적인 문제에 대해 근심하고 걱정하는 것은 실제로 아무런 도움이나 영향도 주지 못합니다. 본래 염려라는 것이 비생산적이고 부정적인 방향의 생각을 계속 유발하기 때문입니다. 그런데도 사람들이 계속 근심하고 걱정하는 이유는 무엇이라고 생각하십니까?

적용포인트 예수님이 재미있게 예로 드신 키나 목숨뿐 아니라 세상의 많은 일이 걱정으로 해결되지 않습니다. 걱정한 만큼 자기 속만 상하지 실제적 결과는 없습니다. 예상을 해서 미리 대비한다면 재난을 방지할 수는 있을 것입니다. 그러나 현재 일어난 문제에 대한 걱정은 아무리 해도 도움이 안 됩니다. 자신의 속만 상하게 하고 옆 사람만 힘들게 할 뿐입니다. 그런데도 계속 걱정하는 것은 마치 고질병과도 같은 문제입니다. 과연 어떻게 하면 이 문제를 해결할 수 있겠습니까?

6. 그리스도인들이라고 염려하지 않는 것은 아닙니다. 염려가 되고 걱정이 끊이지 않을 때 그리스도인들이 할 수 있는 일은 무엇입

니까?(빌 4:6-7; 벧전 5:7)

기도하면 언제나 당장 응답을 받는 것은 아닙니다. 하지만 "하나님의 평강"(빌 4:7)이 마음과 생각을 지켜주는 것은 분명합니다. 진정으로 걱정을 해결하기 위해서는 말씀에 근거한 영적 상황 파악과 인식이 꼭 필요합니다.

염려하지 말아야 할 영적 이유(29-32절)

7. 예수님은 염려하지 말라고 말씀하시면서(29절) 염려하지 말아야 할 영적 이유를 가르쳐주셨습니다. 그것은 무엇입니까?(30절)

하나님을 믿는다는 것은 그분의 존재를 아는 것 이상을 말합니다. 하나님이 당신 삶의 실제적인 부분에 영향을 미치는 분이라는 확신이 있습니까?(히 11:6 참조)

8. 걱정하지 말라는 것은 해야 할 일에 대한 무능함이나 무책임을 옹호하는 것이 아닙니다. 주님이 걱정 대신 우리에게 권하시는 것은 무엇입니까?(31절; 마 6:33)

9. 하나님의 나라와 의를 구하는 것은 종교적인 생활만 가장 우선

시하라는 뜻이 아닙니다. 우리의 전 생애에서 우선순위를 정하는 것입니다. 경제적인 문제로 걱정할 때 어떻게 하는 것이 하나님의 나라를 구하는 것이겠습니까?

하나님의 나라를 구하는 것은 자신이 하는 일이나 버는 돈에 대해서 분명한 믿음의 고백이 있고 삶의 목적의식이 있는 것입니다. 어떻게 하는 것일지 확인해 보십시오(골 3:23; 대상 29:16).

적용포인트 경제적인 문제로 걱정할 때 어떤 순서로 그 문제를 풀어가겠습니까? 걱정 대신 주님이 제시하시는 대안대로 문제를 해결해 봅시다. 먼저 하나님의 나라를 구하는 것입니다(마 6:33). 이 말은 먼저 하나님이 통치하시는 나라를 생각하고 현재 눈앞의 문제를 그 관점에서 바라보라는 것입니다. 그러면 현재 재물의 문제는 점차 해결이 된다는 약속의 말씀이기도 합니다. 둘째는 맡겨진 일에 최선을 다하는 것입니다. 그렇다고 종교적이 되거나 현실 도피적으로 행동하라는 말은 아닙니다. 매사를 주께 하듯 하라는 말씀은 노동의 열매를 얻고 미래를 위해서 저축도 하는 직업인의 기본 활동을 암시하고 있습니다. 이것이 바로 염려를 해결할 수 있는 구체적인 방법입니다. 이렇게 실천하기 위해서 노력합시다.

요즘 의식주 문제로 걱정하고 있습니까? 그렇다면 그것은 경제적 문제만이 아니라 영적 문제이기도 하다는 사실을 잊지 마십시오. 돈으로 문제가 해결되기도 하지만 영적으로 해결하지 않으면 또 다시 염려는 찾아옵니다. 걱정에만 집착하지 말고 하나님이 다스리시는 나라를 생각하고 현재의 문제를 그 관점에서 바라보는 안목이 필요합니다. 믿음으로 염려의 문제를 극복해야 합니다.

걱정과 기도 (빌 4:6-7)

얼마 전 딸 부부의 장래를 생각하니 은근히 걱정이 되었다. 딸은 공부를 중단하고 일을 하고 있는데 학업을 이어갈 수 있을까? 사위는 지금 학업 중인데 제대로 학위 과정을 마칠 수 있을까? 언제나 학위를 마치고 취직을 해서 정상적으로 살 수 있을까? 은근히 걱정이 되었다. 그러다가 '굶어 죽기야 하겠나?' 하는 생각이 미치자 갑자기 걱정이 사라졌다. 기대 수준을 확 낮추니까 걱정이 사라진 것이다. 그러나 그렇게 기대 수준을 낮추고 나니 무언가 아쉽다는 생각이 들었다. 그래서 하나님께 둘 다 학위를 이수하여 제대로 취직하고 정상적으로 살게 해주시기를 기도했다. 그렇게 기도하자 마음이 평안해졌다. 이제는 하나님이 역사하실 차례. 그것을 기대하면서 계속 기도하기로 했다.

그러다가 문득 자녀들에게 정말 기대해야 할 것이 무엇인지를 생각했다. 가장 중요한 것은 그들이 하나님 안에서 바로 서는 것이다. 그렇게 생각하니 내 기대 수준보다 더 낮게 하나님이 이뤄주시기를 기대하게 된다. 이런 생각을 하다가 빌립보서 4장 6-7절이 떠올랐다. 내가 생각한 것들이 바로 이 말씀 안에 들어 있었다. "기도할 수 있는데 왜 걱정하십니까?"라는 찬송도 이 말씀을 보면서 더 실감이 났다. 걱정이 될 때 기도로 해결하는 길을 찾아보자.

걱정이 될 때는 기대 수준을 낮춰라

걱정거리가 있을 때 아무 것도 염려하지 말라고 주께서 말씀하셨다. 그러나 사람은 생각하는 능력이 있기 때문에 염려를 하지 않기가 어렵다. 아무리 걱정을 하지 않으려고 해도 저절로 생각이 난다. 이때 해결하는 방법은 기대 수준을 낮추는 것이다. 좀 극단적이기는 하지만 성경에 사례가 있다. 에스더가 왕에게 나아가서 간청을 해야 하는 일이 있었는데 만일 왕이 받아들이지 않고 죽임을 당할까봐 걱정되었다. 그때 에스더는 "죽으면 죽으리이다"(에 4:16)라고 말하면서 들어갔다. 기대 수준을 아주 낮춘 것이다. 우리말에 "죽기 아니면 까무러치기"라는 말이 있는데 이와 비슷한 이야기이다. 걱정이 될 때 기대 수준을 확 낮추어보라. 걱정이 많이 사라질 것이다.

예수님은 걱정하지 말라고 말씀하시면서 공중에 나는 새를 보고 들의 백합화를 보라고 하셨다. 새나 꽃은 걱정하지 않지만 잘 살고 있다. 이 말도 바로 기대 수준을 낮추라는 간접적인 표현이 아닌가 생각된다.

경제적으로 걱정될 때 수준을 낮추어서 생각해 본다. 문자 그대로 굶어 죽기야 하겠나 생각하면 마음이 훨씬 편해진다. 나는 경제적으로 힘들게 되면 하나님이 최악의 상황에서도 살게 해주신 것을 생각한다. '그때도 잘 살았는데'라고 생각하면 걱정이 스르르 사라진다.

자녀들의 공부가 걱정이 될 때도 마찬가지이다. 공부 좀 못한다고 이 아이들이 굶어 죽기야 하겠나?

우리가 하는 걱정거리를 한번 돌아보자. 무엇 때문에 걱정하는지 생각해 보고 기대 수준을 낮추어보라. 확실히 걱정의 강도가 줄어드는 것을 느낄 것이다. 그렇다고 기대 수준을 낮추고 살라는 것은 아니다. 그럴 수도 없고 그래서는 안 된다. 그렇게 살아야 한다면 무언가 허전하다. 그것이 솔직한 심정이다. 그럴 때 기도하는 것이다.

기도할 때는 기대 수준을 높여라

다만 모든 일에 기도와 간구로 너희 구할 것을 감사함으로 아뢰라는 말은 그야말로 무엇이든지 구하라는 말이고, 얼마든지 기대 수준을 높일 수 있다는 말이기도 하다.

주님은 기도할 때에 무엇이든지 구하면 들어주겠다고 하셨다. 그래서 기도는 신앙인의 의무인 동시에 가장 큰 특권이기도 하다. 예레미야 33장 3절에 신나는 말씀이 있다. "너는 내게 부르짖으라 내가 네게 응답하겠고 네가 알지 못하는 크고 은밀한 일을 네게 보이리라." 기도는 막연히 우리의 소원을 털어 놓는 것이 아니다. 온 세상을 주관하시는 하나님께 문제를 의뢰하는 것이다. 그러니까 기대 수준을 얼마든지 높여도 된다. 하나님에 대한 신뢰가 크면 클수록 기대 수준을 높일 수 있다.

지금까지 내 생애를 돌아보면 하나님은 내가 원하는 것을 들어주기도 하셨지만 들어주지 않으신 경우도 많이 있다. 그런데 나중에 보면 내가 생각지 않은 방법으로 나를 인도하셨다. 결혼이나 공부, 또 새로운 일을 하게 되는 과정을 보면서 그것을 느낀다. 기도는 우리가 걱정하는 것을 하나님께 맡기는 아주 중요한 통로이다.

하나님은 우리의 기대 수준과 다르게 응답해 주신다

우리가 기도한 대로 하나님이 다 응답해 주신다고 생각하면 기도가 알라딘의 램프, 또는 무당의 굿처럼 여겨질 수 있다. 이런 생각은 종교를 이기적인 수단으로 만든다. 하나님은 우리의 기도를 들으시지만 우리의 기대 수준에 맞추어서 응답하시지는 않는다. 때로 아무런 응답이 없어 우리를 무시하시는 것처럼 느껴질 때도 있다. 그러나 하나님은 우리 기대를 무시하는 것이 아니라 그 기대와 다르게 응답해 주신다.

우리가 기도하면 하나님은 모든 지각에 뛰어난 그분의 평강으로 우리의 마음과 생각을 지키신다. 원하는 것을 얻지 못해도 하나님은 내 마음에 평온함을 주시기도 하고 그 문제에 대한 생각을 변화시키시기도 한다. 결국 내 기대를 넘어서는 길로 인도하신 것이다.

몸이 아플 때 건강과 치유를 위해서 기도를 많이 했다. 지금도 몸 상태가 좋아지기는 했지만 완전하지는 않다. 그러나 기도를 간절히 하게 되면서 하나님의 뜻을 더 잘 깨닫게 되었다. 이제 그전보다 아픈 사람을 더 잘 이해한다.

사람이 살아가는 동안에 걱정거리가 없을 수는 없다. 아무리 부유하고 건강하고 문제없어 보이는 사람도 살다 보면 걱정거리를 만나게 된다. 그럴 때 기대 수준을 낮추어보자. 그리고 걱정 대신 기도를 해보자. 아직 신앙이 없더라도 하나님을 향해서 기도해 보자. 그것이 그냥 걱정하는 것보다는 훨씬 나을 것이다. 그러면 일단 마음의 평안함을 얻거나 생각이 정리될 것이다. 그리고 걱정했던 문제 자체가 해결되기도 한다. 이것이 기도의 힘이고 신앙의 힘이다. 걱정 많은 세상에 살면서 기도의 능력을 경험하기를 바란다.

(글: 방선기 목사)

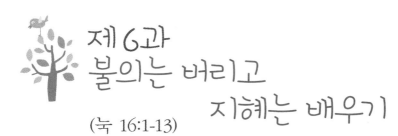

제 6과
불의는 버리고
지혜는 배우기

(눅 16:1-13)

이 과의 목표 🚲

　이른바 '불의한 청지기의 비유'라고 불리는 이 이야기는 예수님의 비유들 가운데 가장 난해한 비유 중 하나이다. 비유 속의 청지기를 통해 예수님은 세상 속에서 우리 그리스도인 직업인들이 배우지 말아야 할 것들과 배워야 할 지혜에 대해 가르치신다. 이 과를 통해서 스마트 시대에 그리스도인 직업인들이 일터에서 바람직한 직업인으로 자리매김할 수 있는 요소가 무엇인지 함께 공부한다.

🌱마음을 엽시다!

A시 시청 상하수도과로 발령받은 당신. 며칠 전 동료 검침원이 용돈을 벌 수 있다면서 해주는 이야기를 들었다. 연립주택이나 다세대 주택의 경우, 입주민들이 요금을 걷어야 하기에 체납되는 경우가 많다는 것이다. 그런데 단수조치에 들어갈 체납 세대가 많으면 검침 실적에도 좋지 않고, 체납 금액을 깎아주며 처리해 주면 뒷돈도 생긴다고 했다. 마치 업무 처리의 '지혜'를 알려준다는 투로 말하는 동료에게 어떻게 대답하고 처신해야 할까?

1. 일을 하다 보면 동료들이 관행처럼 여기지만 그리스도인으로서 용납하기 힘든 일을 겪을 수 있습니다. 그 때 당신은 어떻게 반응하십니까?

그리스도인이기에 세상 사람들과 한 배를 타지 않았다가 일종의 왕따를 당한 경험이 있습니까? 혹시 그런 경험이 없다면 세상에서 아무런 갈등을 느끼지 못하고 사는 것이 과연 바람직한 것인지 생각해 보십시오.

불의한 청지기에 관한 비유를 통해서 그리스도인 직업인들이 금해야 할 것과 배워야 할 것을 함께 찾아보겠습니다.

이제 누가복음 16장 1-13절을 읽으십시오.

배우지 말아야 할 세상의 불의(1-7절)

2. 예수님의 비유에 나오는 청지기가 '주인의 재산'을 낭비한 것은 어떤 면에서 문제가 됩니까?(1, 5-7절) 만약 현대의 일터라면 이것이 어떤 문제인지, 어떤 결과를 가져올지 구체적으로 이야기해 보십시오.

그런데 예수님은 주인의 입을 빌어서 이 청지기를 칭찬하셨습니다(8절). 이 청지기의 행동 중 어떤 부분을 칭찬하신 것이라고 생각합니까?

3. 이 청지기가 주인의 소유를 낭비한 것은 어떤 면에서 문제가 됩니까?(1절)

짧은 주석 여기에 나오는 "낭비한다"(1절)는 단어는 누가복음 15장에 있는 둘째 아들이 유산을 낭비하여 탕진했다는 표현과 동일한 단어입니다.

4. 회사에 속한 직원들이 회사의 재산이나 돈을 낭비하는 것은 문제가 됩니다. 보통 어떤 경우인지 실례를 들면서 자세하게 이야기해 봅시다.

적용포인트 다른 한편 이 구절을 보면서 하나님의 청지기로 살아가야 하는 우리 그리스도인들이 하나님의 소유를 낭비하는 것도 문제가 됩니다. 하나님이 당신에게 주신 시간과 재물과 달란트 등을 허비하지는 않습니까? 하나님이 주신 귀한 것들을 낭비하고 있지는 않은지 생각해 봅시다.

5. 결국 청지기의 실수가 주인에게 발각되어 청지기는 해고당하게 되었습니다. 만약 그리스도인 직업인으로서 당신이 이런 상황을 겪는다면 어떻게 대처해야 합니까?

그런데 이 청지기는 어떻게 대처했습니까?(3-7절) 이 청지기의 태도에서 어떤 문제점을 발견할 수 있습니까?(사 2:22 참조)

> **짧은 주석** 유대법 전문가에 따르면 이 청지기가 한 행동이 그 당시의 법에는 저촉되지 않는 일이라고 합니다. 청지기가 가진 재량권으로 충분히 인정할 수 있다는 것입니다. 그러나 그렇더라도 그의 행동은 떳떳해 보이지 않습니다. 채무자들의 빚을 탕감해 준 것은 자신의 장래를 위해서 주인의 재산을 축낸 것이기 때문입니다.

배워야 할 세상의 지혜(8-13절)

6. 이와 같은 문제점이 있음에도 예수님은 주인의 입을 빌어서 이 청지기의 지혜를 칭찬하셨습니다(8절). 이 청지기가 보여준 지혜의 핵심은 자기가 관리하는 주인의 돈으로 장래를 준비한 데 있습니다. 이것은 현재 자신이 가진 것으로 미래를 사는 것이었습니다. 당신은 미래를 위해 구체적으로 무엇을 준비할지 이야기해 보십시오.

7. 예수님은 불의의 재물로 친구를 사귀라고 하셨는데 이 말씀이 뇌물수수를 인정하신 것은 아닙니다(출 23:8). 이것은 돈에 대한 집착보다 사람과의 관계를 중시하라는 것입니다. 일상생활에서 이 교훈을 어떻게 구체적으로 실천할 수 있겠습니까?(잠 18:16)

> **짧은 주석** 누가복음 16장 9-13절에서 "불의의 재물", "작은 것", "남의 것" 등의 말씀에서 남의 것은 세상적 축복을 지칭하며, "참된 것", "큰 것", "너희의 것" 은 영적 축복을 가리킵니다.

8. 돈으로 하나님과의 관계를 살 수 있습니까?(신 10:17하)

때론 재물이 하나님을 대신하는 우상이 될 수 있으므로(13절) 재물을 포기하여 하나님에 대한 믿음을 나타낼 수 있습니다. 이것을 어떻게 우리의 삶 속에 적용할 수 있겠습니까?(딤전 6:17-19)

적용포인트 하나님은 우리의 재물이 필요없는 분입니다. 오히려 우리에게 선물로 재물을 주십니다. 그러나 하나님의 귀한 선물인 구원을 받은 성도들이 그 믿음을 재물로 표현하는 것은 귀하게 보십니다. 밭에 감추인 보물을 사기 위해 전 재산을 팔아서 밭을 산 사람이나 진주를 사기 위해서 전 재산을 팔았던 사람이 바로 이런 사람입니다. 재물이 하나님과 경쟁하는 신이 될 때 그것을 포기하는 것이 바로 이런 자세입니다. 오늘 우리 시대는 이처럼 돈을 하나님으로 삼으려고 합니다. 이런 때에 우리는 재물을 포기하고 참된 미래와 비전을 사는 지혜를 배워야 할 것입니다.

그리스도인 직업인들은 이 불의한 청지기처럼 살지 말아야 합니다. 이 청지기의 잘못을 통해 깨달읍시다. 자신이 맡은 일에 책임을 다하다가 잘못을 할 수는 있습니다. 하지만 잘못을 했으면 인정하고 회개해야 합니다. 솔직하게 인정하고 새로 출발하는 것이 바람직합니다. 한편 예수님이 이 불의한 청지기를 칭찬하신 점에 주목해야 합니다. 돈에 집착하지 않고 미래를 준비하는 모습, 관계를 위해 투자하는 모습이 의미 있습니다. 무엇보다 하나님과의 관계를 위해 자신이 가진 것을 바칠 수 있는 결단이 중요합니다. 돈이 최고의 가치라는 물질만능주의의 가치관이 만연한 세상에서 영원히 남는 것을 위해 투자하는 성숙한 지혜를 배웁시다.

제7과
인생에서
실패한 부자
(눅 18:18-30)

이 과의 목표

예수님은 영생을 얻기 위해 찾아온 한 괜찮은 청년을 만나셨다. 예수님은 그 청년을 통해서 그리스도인의 재물관을 가르치고 더 나아가서 영생에 대한 중요한 교훈을 알려주셨다. 인생에서 성공하는 것이 과연 무엇인지를 알려주는 본문을 통해 우리가 추구해야 할 진정한 성공이 무엇인지 배운다.

❤마음을 엽시다!

외교통상부에서 외교관 생활을 주로 하다가 주일 대사를 마지막으로 정년퇴직한 당신. 국회의원 선거에 출마했다가 근소한 표차로 낙선한 후 인생무상을 깊이 느끼던 차에 아내가 늘 가자고 조르던 교회에 나가게 되었다. 그런데 사람들이 당신을 '초신자'로 대하지 않는 것을 보고 놀랐다. 사회적 지위 때문이라고 짐작하면서 '5년만 교회 다니면 장로 되는 것도 어렵지 않겠다!'는 생각도 들어 실소했다. 이런 상황이라면 교회에서 당신은 어떻게 처신해야 하는가?

1. 고위공무원으로서 사람들에게 인정받고 도덕적으로도 별로 흠이 없는데다가 돈까지 많은 한 사람이 영생을 얻겠다고 예수님을 찾아왔습니다. 그런데 예수님은 돈을 포기하지 못하는 그를 돌려보내셨습니다. 사람을 가리지 않으시는(?) 예수님의 이런 반응에 대해서 어떻게 생각하십니까?

예수님은 영생을 얻기 위해 찾아온 한 지도자를 만난 후 제자들과 대화하시면서 영생과 재물, 인생의 참된 헌신에 대해 가르치셨습니다. 인생에서 진정으로 중요한 것이 무엇인지 배워봅시다.

이제 누가복음 18장 18-30절을 읽으십시오.

종교적 행위로는 구원을 얻지 못한다(18-21절)

2. 영생에 대한 관심을 가지고 예수님을 찾아온 관리는(18절) 도덕적인 면에서 깨끗하게 살았습니다(20-21절). 사실 그가 지켰다고 자부하는 다섯 영역은 직업의 현장에서도 지켜야 할 중요한 계명들입니다. 구체적으로 어떻게 적용할 수 있습니까?

   1) 간음하지 말라(성적인 범죄, 마 5:27-28 참조)

   2) 살인하지 말라(생명윤리, 마 5:21-22 참조)

   3) 도둑질하지 말라(도둑질)

   4) 거짓 증언하지 말라(거짓말)

   5) 네 부모를 공경하라(윗사람과의 관계):

3. 이 모든 계명을 다 지켰다는 관리의 말을 전적으로 믿는다 하더라도 그렇게 사는 것이 구원의 조건은 아닙니다. 그 이유는 무엇입니까?(행 17:22 참조)

아끼는 것에 집착해서는 구원을 얻지 못한다(22-25절)

4. 예수님은 이 관리에게 무엇을 요구하셨습니까?(22절) 예수님이

이와 똑같은 것을 당신에게도 요구하신다면 당신은 어떤 반응을 보이겠습니까?

5. 이제 이 관리에게 모든 재산을 다 팔아 가난한 자들에게 나눠주라고 요구하신 예수님의 의도가 무엇인지 깨달아야 합니다. 재물을 다 팔아서 가난한 사람들에게 나눠주는 것은 영생을 얻는 조건입니까?(딛 3:5 참조)

그렇지 않다면 이렇게 말씀하신 예수님의 의도는 무엇입니까?(마 13:44 참조)

6. 이어지는 비유에서 예수님이 부자가 하나님 나라에 들어가기 어렵다고 말씀하신 것은(24-25절) 부자가 되는 것 자체를 부정하신 것처럼 들립니다. 그러나 성경에는 큰 부자였지만 구원을 얻은 사람이 많이 있습니다. 그렇다면 예수님의 의도는 무엇입니까?(마 6:24 참조)

적용포인트 예수님은 누구에게나 자신이 가진 재물을 다 팔아 가난한 사람들에게 나눠주고 자기를 따르라고 요구하지는 않으십니다. 그러나 우리 성도들이 소유한 어떤 것이든 그것이 우상과 같이 된다면 그것은 반드시 버려야 할 것입니다. 그 '우상'을 버려야만 주님을 따를 수 있습니다. 당신에게도 부자 관리의 '재산'처럼 집착하는 것이 있습니까?

자신에게 중요한 것을 포기해야 영생을 얻는다 (26-30)

7. 주님을 믿고 따르기 위해서 당신이 포기한 것이 있다면 어떤 것들입니까?

8. 예수님의 말씀대로라면 영생을 얻기는 쉽지 않습니다. 심지어 영생을 얻는 것은 불가능해 보이기도 합니다. 그러나 예수님의 대답은 무엇입니까?(27절, 엡 2:8-9)

우리 자신이 신앙의 결단을 내린 것처럼 보여도 그런 결단을 하게 하신 분이 계시다는 사실을 명심하십시오(빌 2:12-13 참조).

9. 이 부자 관리는 영생을 얻는 관문까지 거의 다 왔으나 결국 들어가지는 못한 것 같습니다(23절). 이 관리의 이후 모습을 상상하면서 서로 이야기해 보십시오.

그러나 이 부자 관리와 비교해 보면 제자들은 어떤 사람들이었습니까?(28-30절)

당신은 이렇게 제자들처럼 예수님을 믿고 구원과 영생을 얻은 사람입니까? 예수님께 인생의 모든 것을 드리며 헌신하십니까? 그렇다면 그 점이 바로 당신이 부자가 아니더라도 인생에서 성공했음을 보여주는 것입니다. 오늘 본문에 나오는 부자 관리는 그리스도인이 되는 곳까지 거의 다 왔으나 결국 도달하지 못해 아쉽습니다. 우리 주변에는 이런 사람들이 많이 있습니다. 늘 예배를 드리고 종교적인 분위기 속에서 생활하지만 구원과 영생의 관문을 통과하지 못하는 사람들이 있습니다. 자기를 부인하고 그리스도를 따르는 결단을 해야 영생을 얻을 수 있습니다. 존 웨슬리가 말한 "거의 그리스도인"(Almost christian)이 아니라 진짜 그리스도인이 되어야 하지 않겠습니까?

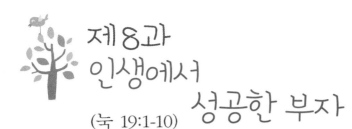

제8과
인생에서
　　　　성공한 부자
(눅 19:1-10)

이 과의 목표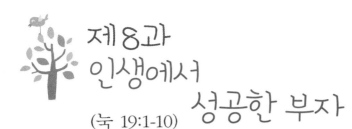

　삭개오는 사회적·신체적 핸디캡을 그리스도를 향한 사랑과 믿음으로 극복해서 구원에 이른 사람이다. 특히 신앙인으로서 약점과 부족한 점을 가지고 있는 사람이라고 할 수 있는 삭개오가 예수님을 만났고 직업 인생에서도 중대한 전환점을 맞이한 것은 주목할 만하다. 또한 이전 과에서 다룬 실패한 부자인 관리와 비교하여 삭개오의 성공 요인을 점검해 본다.

♈ 마음을 엽시다!

젊은 날에는 방황을 하기도 했지만 예수님을 인격적으로 만난후 간증 집회에 초청받아 다니면서 가구 회사를 경영하는 당신. 예수님을 만나 확실한 간증을 가진 것은 분명한데 한 가지 문제가 있다. 교회나 기독교 기관에서 당신을 초빙했을 때는 믿음 있는 사람으로서 성도들의 호응과 신뢰를 받는데 회사의 직원들은 당신을 별로 좋게 평가하지 않는다. 그 이유는 무엇일까 고민해 보지만 뚜렷한 이유는 알 수 없다. 어떻게 하면 일터에서도 올바른 그리스도인으로 살아갈 수 있을까?

1. 일반적으로 어떤 사람을 '신앙이 좋다'고 평가할 때 그 근거는 무엇입니까?

그 평가는 기독교 신앙의 핵심을 제대로 반영하고 있습니까?

삭개오는 사회적으로나 신체적으로 열등감을 가지고 있던 직업인이었지만 예수님을 향한 사랑과 믿음으로 결국 구원에 이른 사람입니다. 그에게서 성경적인 신앙의 모습을 찾아봅시다.

이제 누가복음 19장 1-10절을 읽으십시오.

종교적 관심보다 그리스도를 향한 마음!(1-4절)

2. 지난 과에서 다루었던 관리와 세리장 삭개오에게는 공통점이 있습니다. 무엇입니까?(2-3절, 18:18, 23)

몇 가지 공통점에도 불구하고 두 사람은 대조되는 면도 있습니다. 관리는 영생을 얻기 위해서 예수님께 나온데 비해 삭개오가 예수님과 만나게 된 계기는 무엇입니까?(3-4절)

삭개오는 예수님을 만나기 위해서 어떤 열정적인 자세를 보여주었습니까?(4절)

짧은 주석 삭개오가 예수님이 어떤 분이신지 알기 위해 "보고자" 했다는 헬라어 동사의 시제에는 그가 키는 작지만 길에 늘어선 많은 사람 뒤에서 예수님을 보려고 여러 차례 노력했다는 의미가 들어 있습니다. 또한 삭개오는 부끄러움을 무릅쓰고 가로수인 돌무화과나무에도 기어 올라갔습니다.

4. 신앙은 종교적인 면으로 나타날 수 있습니다. 그러나 신앙의 핵심은 예수 그리스도에 대한 믿음이며 그분과의 관계를 말합니다. 당신은 예수 그리스도에 대해서 어떤 믿음을 가지고 있습니까?(갈 2:20 참조)

삭개오는 종교적인 면으로 별다른 준비가 되어 있지 않은 사람이었을 것입니다. 아마 회당 예배에도 잘 참석하지 않았을 것입니다. 도덕적으로도 문제가 있었습니다. 그래서인지 그는 예수님을 만나려는 시도를 할 때 종교적인 측면으로 접근하지 않았습니다. 그저 지나가시는 예수님을 만나고 싶은 열망을 품고 있었습니다. 이와 같이 인격적으로 예수님과 교제하고픈 열정이 당신에게도 있습니까?

인생의 참다운 성공: 구원(5-8절)

5. 지난 과에서 살펴본 관리는 영생을 얻기 위해 예수님을 찾아왔지만 아무런 변화 없이 돌아간 데 비해 예수님을 만난 삭개오에게는 당장 생각의 변화가 일어났습니다. 어떤 결심입니까?(8절)

6. 예수님은 삭개오가 일어서서 예수님과 주변의 많은 사람에게 공식적으로 선언하는 결심을 듣고 구원을 선포하셨습니다(8-9절). 구원이 행위에 달려 있지 않다면 삭개오가 구원을 받게 된 근거는 무엇이었겠습니까? 관리의 경우와 비교해서 생각해 보십시오.

   삭개오가 보여준 영적 변화는 그가 예수님을 자신의 인생 문제를 해결하시는 분으로 믿었다는 믿음을 전제합니다. 삭개오의 결심과 행동을 통해 나타난 믿음을 예수님이 보셨던 것입니다.

구원받은 자의 달라진 가치관(8-10절)

7. 예수님을 만나 믿음을 가지게 된 삭개오는 자신의 영적 변화를 나타내는 구체적인 행동을 보여줍니다(8절). 특히 이러한 결심은

단순히 종교적 변화가 아닌 가치관의 변화를 어떻게 보여주고 있습니까?

적용포인트 회심한 삭개오는 삶의 현장에서 구원받은 사람의 바람직한 변화를 보여주었습니다. 특히 그가 자신의 직업 영역에서 삶의 변화를 모색했다는 점이 이채롭습니다. 이것을 우리에게 적용해 보면 새벽 기도를 잘 나가기로 결심하는 것도 바람직한 종교적 변화지만 직장 상사에게 잘못한 것을 사과하고 잘 섬기기로 결심하는 것이 더욱 의미 있는 영적 변화라는 뜻입니다. 만약 이런 영적 변화가 없다면 그 사람의 신앙은 진정한 신앙이라기보다는 종교 생활에 불과한 것입니다. 이런 면에서 당신은 예수님을 믿은 후 참된 변화를 보여주고 있습니까?

8. 예수님의 제자들 중 마태는 예수님의 부름을 받자 하던 일을 그만두고 제자가 되었습니다(마 9:9). 그런데 삭개오는 달랐습니다. 삭개오는 세리라는 직업을 버리지 않았던 것 같습니다. 그렇다면 여리고 세무서 세관장으로서의 삭개오의 삶에 어떤 변화가 있었겠습니까? 찾아온 세리들에게 세례 요한이 했던 말을 참고하여 생각해 보십시오(눅 3:12-13).

9. 당신이 혹시 직장 생활이나 사업을 하다가 예수님을 믿게 되었다면 직업과 관련해서 구체적인 변화가 일어난 것이 있습니까? 혹시 주변에 그런 직업인이 있으면 소개해 보십시오.

적용포인트 반 나치 운동으로 유명한 신학자 디트리히 본회퍼는 "종교성이 없는 기독교"(Religionless Christianity)를 주장한 적이 있는데, 이는 극단적인 면이 있지만 시사하는 바가 적지 않습니다. 기독교 신앙에 종교적인 요소가 분명히 필요합니다. 성경이 그것을 가르칩니다. 예배와 헌금과 기도와 성경 공부 등에 대해서 강조합니다. 그러나 종교적 행위가 곧 신앙인 것처럼 생각해서는 안 됩니다. 종교적 측면의 기독교에 익숙한 사람들은 삭개오를 통해서 기독교의 진수를 배워야 합니다. 종교에 매이지 않고 예수 그리스도를 사랑하는 것을 구체적인 삶 속에서, 즉 일터와 같은 곳에서 드러내야 한다는 것입니다.

인생에서 채워지지 않는 만족감으로 고민했을 삭개오가 예수님을 만나 구원받았습니다. 그 이후에 삭개오가 예수님을 따르는 제자로 살아간 것은 아니었으나 그의 직업 현장에서 '일하는 제자'로 살았을 것입니다. 세금을 과다 징수하지도 않고 여리고 지역의 징세 업무를 획기적으로 개선하고 깨끗한 세무 행정으로 사람들의 칭송을 받는 '일터 선교사'의 역할을 담당했을 것입니다. 이런 삭개오야말로 진정으로 성공한 부자입니다. 오늘 우리 시대에 구원받은 당신이 일터에서 제2의 삭개오로 헌신해야 하지 않겠습니까?

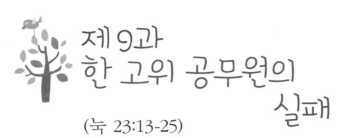

제 9과
한 고위 공무원의 실패

(눅 23:13-25)

이 과의 목표

그리스도인들은 대부분 빌라도를 예수님을 십자가에 못 박게 한 장본인으로 기억하고 사도신경을 암송할 때마다 빌라도를 성토한다! 그리고 그를 우리와는 관계없는 사람으로 치부한다. 그러나 예수님 당시 유대를 다스리던 총독의 직책을 가진 한 직업인으로서 그가 저지른 실수를 살펴보면 그의 잘못을 오늘 우리도 범할 수 있음을 발견할 수 있다. 이런 면에서 직업인 빌라도가 실패한 점과 그 원인을 추적해 본다.

 **마음을 엽시다!**

완구 제조업체인 B사의 공장장인 당신. 완구를 만들어내는 과정에서 생기는 사소한 사고들을 제때 판단하고 결정하지 못해서 여러 차례 손실을 보았다. 최근에도 아이들에게 무해한 합성수지 원료로 제품을 만들다가 색상이 제대로 나오지 않는 문제를 처리하지 못해 4,500개나 되는 장난감을 폐기했다. 생산 라인에서 김 과장이 문제를 제기했을 때 아무리 납기일이 촉박했어도 생산 중단 명령만 빨리 내렸더라면 그런 큰 손해를 입지는 않았을 것이다. 당신의 이 우유부단함을 어떻게 고칠 수 있겠는가?

1. 우리 사회에서 비리에 가장 많이 연루되는 사람은 공무원일 것입니다. 비리에 관한 뉴스를 보면 쉽게 확인할 수 있습니다. 이런 현실 앞에서 그리스도인 공무원들은 어떻게 해야 합니까?

이 문제에 대해 그리스도인 공무원들이 할 수 있는 일은 무엇입니까? 한편 이 문제를 해결하기 위해 공무원이 아닌 사람들이 할 수 있는 일에는 어떤 것이 있습니까?

우리에게 빌라도는 예수님을 십자가에 못 박게 한 장본인으로 기억됩니다. 하지만 그가 행한 실수는 우리 직업인들도 얼마든지 저지를 수 있는 일입니다. 함께 공부하면서 바람직한 직업인의 자세를 생각해 보겠습니다.

이제 누가복음 23장 13-25절을 읽으십시오.

지식과 판단력은 있으나 결단력이 없었다(14-15절)

2. 빌라도는 예수를 십자가에 못 박은 장본인입니다. 그가 최종 결정권을 가지고 예수님의 처형을 결정했습니다. 그러나 그가 처음부터 그렇게 하려고 한 것은 아니었습니다. 처음에 빌라도는 예수님에 대해서 어떻게 생각했습니까?(14-15, 22, 4절 참조)

3. 예수님을 구주로 믿지도 않았고 뚜렷한 구명 동기도 없었으면서 빌라도가 이렇게 예수님을 살리려고 한 이유가 무엇이었겠습니까?(마 27:17-19 참조)

4. 그런데도 결국 빌라도가 예수님을 십자가에 못 박도록 내준 것은 그의 어떤 약점을 보여줍니까?(약 1:6-8 참조)

적용포인트 많은 사람의 실패 원인은 무지 때문이라기보다 결단력의 부족입니다. 예를 들어 담배가 건강에 나쁘다는 것을 알지만 결단을 못해서 결국 금연에 실패합니다. 중독성이 있는 문제들은 거의 다 그렇습니다. 술이나 성, 도박, 게임중독 등이 다 그렇습니다. 비단 중독성의 문제만이 아닙니다. 우리가 말이나 행동으로 실수하는 것은 몰라서 그런 경우도 있지만 대부분 결단력이 없어서 그렇게 되는 경우가 많습니다. 당신은 결단력을 위해 기도하면서 노력하고 있습니까?

열린 귀가 있었으나 결국 정의를 굽히고 말았다(16-23절)

5. 빌라도가 예수님을 놓아주려고 했을 때 무리는 계속 예수님을 십자가에 못 박게 해달라고 요구했습니다(5, 18, 23절). 공직자가 백성의 주장에 귀를 기울이는 것은 중요합니다. 그러나 빌라도가 정의를 무시하고 여론에 밀려서 굴복한 것은 큰 잘못입니다. 무엇이 문제입니까?

> **짧은 주석** 헤롯뿐만 아니라 빌라도가 예수님에게서 죽일 만한 죄를 발견하지 못했다면(15-16절) 빌라도는 당연히 사형 판결을 내리지 말아야 합니다. 그럼에도 사형 판결을 내린 것은 결국 법적 측면으로 보아도 분명히 빌라도에게 문제가 있는 것입니다.

6. 어떤 직업이든 고객의 만족을 추구하는 것이 기본입니다. 빌라도도 그것을 잘 알고 있었습니다(막 15:15 참조). 그러나 그리스도인들이 고객 만족보다 우선시해야 하는 것은 무엇입니까?(행 4:19; 갈 1:10)

적용포인트 시대를 불문하고 독재자들은 사람들의 이야기에 귀를 막은 것이 문제인데 빌라도는 적어도 사람들의 말에 귀를 기울였습니다. 그런데 그는 사람들의 인격을 인정해서 경청한 것이 아니라 사람들의 주장에 밀려 그들을 만족시키려고(막 15:15) 정의를 포기했습니다. 우리 시대의 정치인들도 정의에 대한 확신보다는 사람들의 눈치에 좌우되는 점이 이와 비슷합니다. 우리에게도 이런 점이 있지는 않은지 돌아보아야 합니다.

개인적인 야망 때문에 무책임한 행동을 했다 (24-25절)

7. 빌라도가 자기가 옳다고 생각한 것을 포기하고 무리의 요구대로 예수님을 십자가에 못 박게 한 결정적인 이유는 자신의 직업과 무관하지 않았습니다. 빌라도가 그렇게 결정한 이유를 생각해 보십시오(마 27:24; 요 19:12).

8. 관직에 있는 사람들뿐만 아니라 모든 직업인에게 장래의 경력 문제는 중요합니다. 전도유망한 당신이 경력과 관련해 직면하는 유혹은 어떤 것입니까? 그런 유혹들을 어떻게 극복할 수 있겠습니까?

9. 빌라도의 이와 같은 결정은 짧은 순간에 이루어졌습니다. 그러나 그의 이 행동은 2000년 기독교 역사를 통해서 잘못된 행동으로 입증되고 있습니다. 지금도 수많은 그리스도인이 예배 시간에 "빌라도에게 고난을 받으사 십자가에 못 박혀 죽으시고"라고 사도신경을 암송하고 있습니다. 이런 결과를 통해서 우리가 배울 수 있는 교훈은 무엇입니까?

"아무도 안보는 데 뭐!", "딱 한번만이야!", "오늘만 지나가면 다 잘 될 거니까!"이런 심정으로 죄를 범했던 많은 사람의 죄가 결국 세상에 공개되었습니다. 아직 드러나지 않은 범죄들도 언젠가는 다 드러날 것입니다. 그리스도의 심판대 앞에서는 선악 간에 모든 일이 다 드러나고 그 보응을 받을 것입니다. 이 엄연한 사실을 통해 당신은 분명한 경고의 메시지를 듣고 있습니까? 우리도 빌라도처럼 우유부단하고 원칙을 지키지 않아 실수할 수 있습니다. 사도신경을 외울 때마다 나 자신이 빌라도처럼 살지는 않는지 돌아보며, 하나님이 기뻐하시는 바람직한 결정을 하겠다고 결심해야 하겠습니다.

제1과 일터에서 맺는 회개의 열매

3. 현대인들은 회개할 필요를 잘 못 느끼는 것 같습니다. 우선 자신이 그렇게 악하다고 생각하지 않습니다. 혹 무슨 범죄를 저질러도 변명하거나 정당화하려고 합니다. 예를 들어 범죄의 원인을 설명하면서 어릴 때의 상처나 사회의 부조리와 구조악을 핑계로 대거나 기껏해야 심리적인 문제로 호도하곤 합니다. 한마디로 "죄 때문이다"라고 답하면 간단할 텐데 말입니다. 더구나 우리 그리스도인들도 자신의 죄를 드러내어 회개하기보다는 오히려 감추는 데 급급합니다. 회개만이 문제를 해결합니다.

8. 세례 요한은 그 당시에 일반적으로 평이 좋지 않은 세리나 군인 같은 직업 자체에는 아무런 비난도 하지 않았습니다. 그런 직업은 직업 자체가 문제가 아니라 꼭 필요한 직업이었기 때문에 믿음이 있는 사람일수록 그런 일을 해야 한다는 것입니다. 그런 직장에 있는 사람들이 정말 주께 하듯이 일한다면 그 직업의 일반적 관행도 바꿀 수 있을 것입니다. 하나님은 우리 그리스도인 직업인들에게 바로 그런 것을 요구하십니다.

9. "개같이 벌어서 정승 같이 쓴다"는 속담이 있지만 개같이 버는 것을 부정한 일을 통해 돈을 버는 것으로 오해하면 안 됩니다. 아무리 자기가 번 돈을 좋은 일에 쓰더라도 돈을 버는 과정이 떳떳하지 않다면 그것은 부끄러운 일입니다. 창기가 번 돈과 개 같은 자의 소득은 하나님께 바치지 말라고 말씀하신 하나님의 뜻

을 생각해 보아야 합니다(신 23:18).

10. 비리가 관행이 되어버린 우리 사회에서 회개의 열매를 맺기 위해서는 무엇보다도 비리를 탈피해야 합니다. 우리 사회의 거의 모든 일터에 스며들어 있는 이런 부조리를 그리스도인들만이라도 깨뜨릴 수 있어야 합니다. 각자의 직업 세계에서 깨뜨려야 할 관행, 즉 맺어야 할 회개의 열매에 대해 이야기해 보십시오.

제2과 일터에서 주님을 만난 사람

3. 베드로는 밤새 고기잡이를 했고 더구나 고기를 한 마리도 잡지 못해서 몹시 피곤한 상황이었습니다. 하지만 예수님이 베드로의 배에 오르셨고 그 배를 육지에서 조금 띄웠기 때문에 누군가 잡고 있어야만(줄을 육지에 던져 배를 묶었든 노를 바다에 박아서 잡았든 사람이 잡고 있어야 했을 것) 배가 파도에 출렁거리지 않아서 예수님이 제대로 말씀을 전하실 수 있었을 것입니다. 그러니 그 일을 누가 해야 했겠습니까? 바로 배 주인인 베드로가 했을 것입니다. 그러니 베드로는 피곤해도 졸지도 못하고 예수님 가까운 곳에서 말씀을 들을 수밖에 없었습니다. 그리고 예수님은 이미 전부터 베드로를 알고 있었지만 이때를 그의 인생의 전환점으로 만들어 본격적인 제자의 길로 들어서게 하려는 의도를 품고 있었음이 분명합니다.

4. 출퇴근 시간에 스마트폰을 통해 성경을 읽거나 듣는 방법, 출근 길에 큐티 책을 통해 말씀을 묵상하는 방법, 조금 일찍 출근해서 큐티를 하는 방법, 하루의 암송 구절을 책상이나 작업대 앞

에 붙여놓고 하루 동안 묵상하며 지내는 방법 등 찾기만 하면 일터와 관련해서 말씀을 접할 수 있는 방법은 다양합니다.

5. 갈릴리 호수는 물이 맑아서 낮에는 고기들이 배의 그림자를 보고 달아나기 때문에 고기를 잡지 못한다고 합니다. 또한 낮에는 수압 관계로 깊은 곳에 고기가 모여 있지도 않는다고 합니다. 그러니 예수님의 지시는 고기잡이의 상식과는 전혀 다른 것이었습니다.

7. 이와 같이 주님을 바로 알 때 자신을 바로 알 수 있으며 자신을 바로 알 때 주님을 바로 알 수 있습니다.

9. 중요한 것은 어부의 직업을 그만두는 것이 아니라 "사람을 취하는 것"입니다. 세상의 직업을 통해서 엄청난 업적을 남겼더라도 사람의 영혼을 구하는 일에 아무런 열매를 맺지 못했다면 하나님 앞에 섰을 때 부끄러울 것입니다. 그러므로 현재 자신이 있는 곳에서 사람들을 돕고 그들에게 복음을 전하는 일이 중요합니다. 어떤 직업을 가지고 있든지 사람의 영혼을 구하는 것이 궁극적인 목적임을 잊지 말아야 합니다. 목회자들도 영혼 구하는 일이 아닌 교회 관리에 유혹을 받아서는 안 됩니다.

광통신 사업을 하면서 아이들과 노인들을 섬기는 사역을 계획하는 한 젊은 사업가를 만난 적이 있습니다. 그는 자신의 직업 자체도 중요하게 생각하지만 역시 사람을 돕는 일이 자신에게 가장 중요한 일이라고 말했습니다. 그는 목사가 아니지만 자신의 일터에서 "사람을 취하는 일"을 하고 있는 것입니다.

2. 은혜를 입고도 감사할 줄 모르고 오히려 악으로 갚는 사람들이 있습니다. 그런 사람들은 배은망덕한 사람이라고 비난을 받습니다. 그런데 이런 사람들이 의외로 많습니다. 눈앞에 있는 이익을 위해서 너무나 쉽게 신의를 저버리고 인지상정에도 어긋나는 행동을 하는 자들입니다. 세상이 복잡해지면서 이런 사람들이 더 많아지는 것 같습니다. 이런 사람들은 일시적으로는 잘되는 것 같지만 결말은 그리 아름답지 못합니다.

6. 예를 들어 무한대의 고객 감동을 추구하는 서비스 정신이나 "노사는 하나다"라는 구호(구호에 불과할지 모르지만)는 황금률을 적용한 것입니다.
이것은 인간의 본성에 근거한 대인관계입니다. 착하지 않은 사람도 누군가 자기에게 친절을 베풀면 좋아합니다. 겸손하지 못한 사람도 주변 사람이 겸손하게 대하면 그 사람을 칭찬합니다. 칭찬을 해주면 사양하면서도 기뻐합니다. 황금률은 이런 인간의 본성을 근거로 삼아 대인관계의 원리를 가르칩니다. 다른 사람에게 대접 받고자 하는 대로 다른 사람을 대접하라는 것입니다. 이렇게만 하면 대인관계의 많은 문제를 해결할 수 있습니다.

8. 마태복음 5장 48절의 "너희 아버지의 온전하심과 같이 너희도 온전하라"는 말씀에 나오는 온전함이 본문의 '자비'와 '온전함'과 함께 교차적으로 사용되었습니다. 마태가 유대인 독자를 고려하여 율법적 완전함과 같은 의미의 '온전함'이란 의미로 이 단어를 사용했다면 헬라인을 대상으로 삼은 누가복음에서는 구체

적으로 '자비'라는 행동지침을 강조했다고 볼 수 있습니다.

9. 수많은 빚을 탕감받았는데 자기에게 조금 빚진 자를 용서해 주지 못했던 사람의 비유를 함께 찾아보십시오(마 18:23-35).

제4과 칭찬받는 직업인의 모델

2. 직장이나 교회, 사람들이 모여서 이룬 조직에서 윗사람이 아랫사람에게 이런 자세를 취한다는 것은 쉽지 않습니다. 대개 우리 사회에서 볼 수 있는 윗사람들은 조직의 일원을 일을 이루기 위한 부속품 정도로만 여길 뿐 한 인격체로 대하지 않습니다. 아랫사람이 몸이 아파 결근한다고 할 때 진정으로 그를 염려하며 쾌유를 기도하고 있는지 돌아보아야 합니다.

6. 성공의 비결 가운데 '우정'이 있습니다. 그렇다면 백부장은 성공한 사람입니다. 그는 어려운 개인적 부탁을 기꺼이 들어줄 수 있는 친구들이 있었습니다. 예수님에게 자기 집을 방문하는 것을 생략하도록 부탁하는 일을 친구들이 마다하지 않고 해주었습니다. 이 점 역시 백부장의 사람됨을 짐작하게 합니다. 조원들에게 질문해 보십시오. 어려운 형편에 처했을 때 그 문제 해결을 기꺼이 부탁할 친구가 있는지, 만약 그렇다면 인간관계에 있어서 성공적인 삶을 살았다고 말할 수 있을 것입니다.

7. 백부장이 예수께 직접 가지 않고 다른 사람을 보낸 것이 거드름을 피우는 것으로 생각될 수도 있습니다. 하지만 사실은 이방인으로서 나서기를 꺼려하는 겸손의 표현인 듯합니다. 나중에 예

수님이 자기 집에 오시지 말도록 부탁하는 것도 결국은 예수님을 감당하기에는 자신이 너무 부족하다고 생각하는 겸손에서 나온 것입니다. 베드로가 예수님을 만나 바다 위에서 무릎 꿇고 죄인 이라고 고백한 것과도 통합니다.

8. 백부장의 믿음은 우선 예수님이 병을 고칠 수 있다고 믿은 데서 시작됩니다. 그래서 예수님에게 종의 병을 치유해 주실 것을 부 탁했고 나중에는 굳이 집에 오시지 않고 말씀만 하셔도 고칠 수 있다고 믿은 것입니다. 대단한 신앙이 아닐 수 없습니다.

제5과 염려하지 말아야 할 세 가지 이유

2. 예수님은 매우 논리적으로 물질과 사람을 비교하며 설명하셨습 니다. 진수성찬과 사람의 생명을 비교할 때 어떤 것이 더 귀합니 까? 멋진 밍크코트와 사람의 몸을 비교할 때 어떤 것이 더 귀합 니까? 물론 물질만능주의에 젖은 사람들은 진수성찬이나 밍크 코트를 더 귀하게 여길지 모르지만 불신자라도 사람의 가치를 아는 사람이라면 제대로 대답할 것입니다. 사람이 하나님의 형 상으로 창조된 유일한 피조물이라는 것을 아는 성도라면 더 말 할 것도 없습니다.

7. 믿음을 가진 사람의 차이는 바로 여기서 나타납니다. 하나님을 믿는 것은 영적인 일이지만 믿음은 삶의 모든 영역에 영향을 미 칩니다. 하나님은 만물을 창조하신 분이며 만물을 지금도 다스 리시는 분입니다. 물론 죄악으로 인해 세상이 변질되어서 불행 이 일어나기는 하지만 기본적으로 세상은 하나님이 통치하시고

그런 하나님은 자기 백성의 필요를 알고 채워주시는 분입니다. 모든 사람에게 똑같이 채워주시는 것은 아니지만 각 사람의 필요를 아시고 채워주시는 분이 하나님이십니다. 이런 믿음이 있을 때 비로소 우리는 염려를 하지 않게 됩니다. 그러니 걱정이 지나치면 하나님에 대한 모욕이 됩니다. 걱정과 믿음은 모순되기 때문입니다.

제6과 불의는 버리고 지혜는 배우기

4. 회사의 돈을 낭비하는 것뿐만 아니라 업무 시간을 자기 마음대로 사용하는 것도 문제가 됩니다. 요즘에는 특히 업무 시간에 개인적으로 인터넷 서핑을 하거나 온라인 주식 투자를 하는 직원도 많다고 합니다. 이런 것이 바로 회사의 소유인 업무 시간을 마음대로 도둑질하는 것일 수 있습니다.

5. 잘못이 발각되었을 때 가장 먼저 할일은 자기 잘못을 인정하고 돌이키는 것입니다. 이 청지기가 그렇게 하지 못한 것처럼 요즘 우리 사회에서 문제가 되는 것도 잘못을 인정하는 사람이 점점 줄어들고 있는 현상입니다. 예수님이 지적하신 청지기의 잘못 중에 바로 이 부분이 큰 문제였습니다.

6. 미래를 준비하는 것이 핵심적인 지혜입니다. 당장 눈앞의 문제만 바라볼 것이 아니라 먼 장래를 바라보는 것이 지혜입니다. 직장생활을 하면서도 당장의 이익만을 생각하지 말고 먼 장래에 내게 어떤 유익이 있을지를 생각하고 결정해야 합니다. 이것이 사업을 하는 데도 필요한 지혜입니다. 그리고 우리 그리스도인

들이 염두에 두어야 할 미래는 완성될 하나님의 나라이므로 그 나라를 위해서 투자할 수 있어야 합니다. 빌립보서 4장 17절에서 사도 바울도 재물을 구제나 선교에 사용하는 것은 유익한 열매의 증가, 즉 나중에 자신의 계좌에 이체가 되는 것이라고 말합니다. 이런 이야기를 그저 '기복적'이라고 치부하지 말고 미래에 대한 지혜로운 영적 투자의 관점에서 보십시오.

7. 이 세상에서도 선물을 통해 사람들과 좋은 관계를 맺을 수 있습니다. 선물은 사람이 가는 길을 넓게 해줍니다(잠 18:16). 이것은 자기의 돈을 지불해서 사람들과의 관계를 사는 것을 말합니다. 사람과의 관계가 돈보다 더 중요함을 보여주는 것입니다. 그러나 뇌물은 그 과정에서 정의를 굽히므로 선물과는 다릅니다. 뇌물에는 결국 이기적인 목적이 담겨 있기 때문입니다.

제7과 인생에서 실패한 부자

2. 구체적으로 이 계명들은 일터에서 이렇게 적용해 볼 수 있습니다.
   1) 성추행, 성희롱, 포르노사이트에 빠지는 것 등
   2) 사람들에게 피해를 주는 일, 생산·유통 과정에서 환경을 해롭게 하는 일 등
   3) 물건과 시간을 함부로 사용하는 일 등
   4) 직장 안에서 하루에도 여러 차례 숱한 거짓말을 일삼는 것 등
   5) 윗사람의 권위와 관련된 문제 등

   죄악 된 세상에서 성적으로 타락하지 않고, 다른 사람의 생명을 귀하게 여기고, 남의 것을 훔치지 않고, 거짓말을 하지 않고, 부

모를 비롯한 윗사람을 공경하는 것은 정말 훌륭한 일입니다. 이런 사람이 많아지면 우리 사회도 나아질 것입니다. 그러나 이렇게 산다고 해서 그리스도인이 되는 것은 아닙니다.

6. 아브라함도 부자였고 이삭이나 야곱, 요셉 등 족장들이 모두 대단한 부자였습니다. 다윗이나 솔로몬도 대단한 부자였습니다.

7. 주님은 나에게 무엇을 요구하실지 마음이 뜨끔할 수도 있습니다. 부잣집 아들이었던 아시시의 프란시스는 이 말씀대로 자기 재산을 가난한 사람들에게 나누어주고 수도사의 삶을 살았습니다. 그러나 주님은 모든 사람에게 획일적으로 같은 요구를 하시지는 않습니다. 주님이 요구하시는 것의 기본 원리는 공통적으로 자기를 부인하는 것입니다. 아브라함의 경우 부인해야 할 것은 외아들이었고 욥에게는 재산과 자녀들이었습니다. 다니엘의 세 친구들에게는 그것이 생명이었고 이 관리에게는 역시 재산이었습니다.

제8과 인생에서 성공한 부자

6. 예수님이 삭개오에게 구원을 선포하신 것은 그가 이전의 관리였던 부자 관원과는 다르게 많은 재물을 사람들에게 나누어주기로 결심했기 때문이 아닙니다. 예수님이 삭개오의 믿음을 보셨기 때문입니다. 삭개오의 결심과 행동은 그리스도를 향한 자신의 믿음을 구체적으로 표현한 것입니다.

7. 물론 삭개오가 자신이 과다 징수한 세금이 있으면 네 배나 갚겠다고 결심한 것은 율법의 규정(출 22:1)을 준수하겠다는 것입니다.

또한 재산의 절반을 사회에 환원하겠다는 것도 당시에 기업인이 재산의 4분의 1을 기부하면 존경받았던 사회적 관례를 두 배로 실천하겠다는 의지였습니다. 그러나 이런 결심이 단순히 종교적 헌신만을 의미하는 것은 아닙니다. 아마도 삭개오가 지금까지 살아오면서 가장 귀하게 여긴 것이 바로 돈이었을 것입니다. 따라서 이 변화는 단순한 종교적 변화가 아니라 삶의 총체적 변화라고 할 수 있습니다.

9. 삭개오는 예수님을 믿게 된 이후에 회당 예배에도 참여하고 종교적인 생활을 계속했을 것입니다. 그러나 누가는 삭개오의 그런 종교적인 변화는 언급하지 않고 신앙의 핵심과 일상생활의 열매만을 강조했습니다. 우리의 신앙을 이런 점에 비추어 점검해야 합니다. 조원들에게 다음의 세 가지를 구체적으로 질문해 보십시오.
   1) 신앙의 핵심–예수님에 대한 자세
   2) 신앙의 종교성–종교 생활
   3) 신앙의 일상성–일상생활에서의 구체적인 열매

제9과 한 고위 공무원의 실패
1. 다양한 원인을 생각해 보시기 바랍니다. 아직 자본주의가 뿌리 내리지 못해 사회 곳곳에 성숙되지 못한 부분이 있고 비리의 여지도 있는 점이나 공무원들의 보수가 적은 문제, 혹은 전통적으로 우리나라 사람들에게 '관'(官)에 대한 불신이나 막연한 두려움이 있는 것 등 여러 가지 이유를 생각해 보십시오. 국민의식이 뿌리내리지 못한 점도 있을 것이고 우리나라 국민 중 20%가 넘

는다는 그리스도인들이 제 역할을 감당하지 못하는 것도 중요한 원인일 것입니다.

7. 빌라도는 잘 나가는 고위 공무원이었습니다. 유대 지방을 치리하는 로마의 최고위 정치인이었습니다. 당연히 야망도 있었을 것입니다. 이왕 그런 자리에 있었으면 열심히 일해서 더 높은 자리로 올라가려고 노력해야 하는 것은 당연합니다. 빌라도에게 그런 야망이 있었다는 것은 문제가 아닙니다. 그러나 빌라도는 그 야망 때문에 결국 무책임한 행동을 했으며 바로 그것이 문제였습니다.

9. 빌라도는 우리가 막연히 생각하듯이 그렇게 못된 사람은 아닙니다. 꽤 유능하고 나름대로 철학이 있는 지도자였습니다. 그는 역사적으로 교회의 원수가 되었지만 자기로서는 예수님을 십자가에 달리도록 내주는 판결을 한 것이 그토록 엄청난 죄악이라고 생각하지 않았을 것입니다. 우리가 모두 쉽게 범할 수 있는 실수 때문에 그렇게 된 것입니다. 우리도 얼마든지 그와 같은 실수를 할 수 있습니다. 우리 이름이 사도신경에서 계속 언급될 수도 있다고 생각해 봅시다. "○○때문에 고난을 받으사 십자가에 못 박혀 죽으시고." 하긴 히브리서 기자는 이렇게 말했습니다. "하나님의 선한 말씀과 내세의 능력을 맛보고도 타락한 자들은 다시 새롭게 하여 회개하게 할 수 없나니 이는 그들이 하나님의 아들을 다시 십자가에 못 박아 드러내 놓고 욕되게 함이라"(히 6:5-6).

아바 일터 성경 공부 시리즈 5

성공한 인생, 실패한 인생 누가복음을 중심으로

초판 1쇄 인쇄 2015년 6월 15일
초판 1쇄 발행 2015년 6월 22일

지은이 방선기
펴낸이 홍병룡
만든이 최규식·정선숙·강민영·장우성

펴낸곳 협동조합 아바서원
등록 제 274251-0007344
주소 서울특별시 은평구 증산로 19길 19 2층
전화 02-388-7944 | 팩스 02-389-7944
이메일 abbabooks@hanmail.net

ⓒ 협동조합 아바서원, 2015

ISBN 979-11-85066-43-1 04230
    979-11-85066-38-7 (세트)